JN435099

새 연세한국어 어휘와 문법 1-1

연세대학교 한국어학당 편

연세대학교 출판문화원

머리말

연세대학교 한국어학당은 1959년에 설립된 한국 최초의 외국어로서의 한국어 교육 기관이다. 연세대학교 한국어학당은 그간의 역사와 명성에 걸맞게 다양한 한국어 교재 편찬 및 관련 연구를 해옴으로써 한국어 교육을 선도해 왔다. 지금까지 전 세계에서 온 약 150여 개국의 17만여 명에 이르는 한국어 학습자에게 한국어와 한국 문화를 가르쳐 왔으며, 최근에는 빠른 속도로 변화해 가는 교육 환경에 맞추어 오프라인 한국어 교육뿐만 아니라 온라인 한국어 교육 콘텐츠 개발에도 노력을 기울이고 있다. 이미 세계 각국의 한국어 학습자를 대상으로 글로벌 온라인 대중 공개 강좌(MOOC)를 개설하여 학습자들로부터 큰 호응을 얻었고 연세대학교 온라인 교육 혁신 플랫폼인 런어스(LearnUs)에도 최신 기술을 활용한 한국어 콘텐츠를 올려서 학습자들을 만나는 중이다.

연세대학교 한국어학당은 그간 일반 목적 한국어 학습자들뿐만 아니라 특수 목적 한국어 학습자들을 대상으로 정규과정, 단기과정, 대학 한국어 과정 등 다양한 교육과정을 개설 운영하면서 학습자의 요구에 부응하는 최상의 교재를 개발해 왔다. 이러한 교재들은 국내외의 한국어 교육 기관에서 교사와 학습자들의 다양한 요구를 충족시키며 양질의 한국어 교수·학습을 위해 널리 사용되고 있다.

연세대학교 한국어학당은 그간 가장 큰 호응을 받아 왔던 '연세한국어' 1급~6급의 뒤를 이을 새로운 교재로 '새 연세한국어' 시리즈를 기획 출간하게 되었다. 이 교재의 개발을 위해 한국어 교육 현장 경험이 풍부한 전문 한국어 교육학자 및 교사들이 대거 투입되었고 최상의 한국어 교수법 및 학습자 집단의 요구에 대한 이해를 바탕으로 개발 작업이 장기간에 걸쳐 수행되었다.

이번에 출간된 '새 연세한국어' 시리즈는 총 6단계로 각 단계마다 어휘와 문법 교재, 말하기와 쓰기 교재, 듣기와 읽기 교재로 구성되어 있다. '새 연세한국어 어휘와 문법'은 한국어 학습자들이 각 숙달도별로 가장 필수적으로 익혀야 하는 주요 어휘와 문법에 대한 이해와 활용을 중심으로 구성되었다. '새 연세한국어 말하기와 쓰기'는 원활한 한국어 의사소통을 위해 꼭 필요한 표현 기능을 수행할 수 있도록 말하기, 쓰기 과제를 중심으로 구성되었다. 또한 '새 연세한국어 듣기와 읽기'는 듣기, 읽기 과제를 중심으로 각 급별 숙달도에 적절한 이해 능력을 함양시킬 수 있도록 구성되었다. 이 세 권의 교재는 어휘·문법, 표현, 이해 능력의 고른 발달을 위해 패키지로 함께 사용될 수도 있고, 교육 현장 여건이나 학습자의 요구에 따라 별도로 사용될 수도 있다. 또한 어휘와 문법 교재의 경우 별도의 지침서가 무료로 제공되므로 교육 경험이 다소 부족한 국내외의 한국어 교사들에게 유용한 길잡이가 될 수 있을 것이다.

연세대학교 한국어학당은 앞으로도 전 세계의 한국어 학습자들의 요구와 기대에 부응하는 교재 개발을 위해 최선을 다할 것이다. 아울러 본 교재가 국내외에서 한국어 교육을 위해 노력을 아끼지 않는 많은 교사와 한국어 학습을 위해 노력하는 모든 학습자들에게 크게 도움이 되기를 바란다.

연세대학교 언어연구교육원

한국어학당 교재편찬위원회

일러두기

교재 전체 구성

- 총 20개의 과로 각 과는 두 개의 항씩 총 40개의 항으로 이루어짐.
- 항별로 연습 문제가 수록되어 있고 과별로 복습문제가 수록되어 있음.
  (1항 - 1항 연습 문제 - 2항 - 2항 연습 문제 - 복습문제)
- **어휘:** 해당 항의 대화 어휘와 그 과의 주제와 관련이 있거나 1급에서 습득해야 할 어휘와 표현을 확장하여 제시함.
- **문법:** 항별로 두 개씩의 문법 항목을 제시하여 한 과에 총 네 개의 문법 항목이 있음.
- **연습 문제:** 배운 문법을 연습할 수 있도록 함.
  -1번: 조사 선택이나 두 문장을 연결하여 한 문장으로 쓰기 등의 단순한 문법 연습으로 이루어짐.
  -2번: 대화를 완성하거나 그림을 보고 스스로 문장을 만드는 등의 문제를 통해 맥락 안에서 문법 사용을 연습 하도록 함.
- **복습문제:** 과 전체(두 개의 항)의 어휘와 문법을 확인 학습할 수 있도록 함.
  -1번: 과 전체 어휘를 모두 아우르는 문제로 이루어짐.
  -2번: 과 전체 문법을 모두 아우르는 문제로 이루어짐.
- **모범답안:** 연습 문제와 복습문제의 모범답안을 제시하여 혼자 연습하는 학습자의 경우에도 도움을 받을 수 있도록 함.
- **색인:** 어휘와 문법 색인에는 각 과에서 다루어진 어휘와 문법을 각각 가나다 순으로 정리하여 제시하였음.
- **별책:** 한글에 대한 설명을 번역해서 실어 학습자들이 한글에 대한 기초 지식을 알도록 함.
  대화, 어휘, 문법의 의미와 용법, 문법 용례를 번역해서 실어 학습자들이 별책만을 가지고도 쉽고 간편하게 연습할 수 있도록 함.

세부 내용 구성

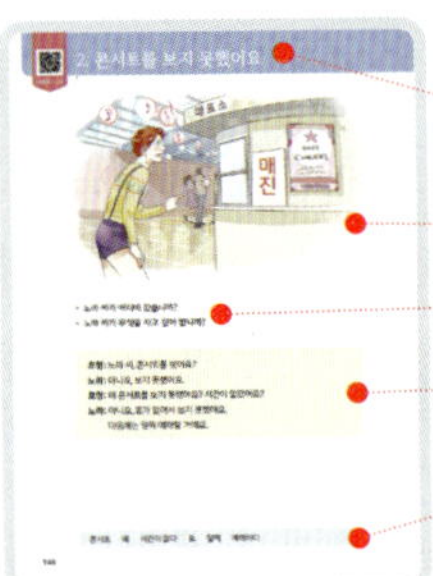

- **항 제목:** 본문 대화 중 문법 항목이 있는 문장으로 선정
- **도입 그림:** 항의 주제나 본문 대화와 관계있는 그림을 제시함.
- **도입 질문:** 그림이나 본문 대화와 관계있는 질문으로 제시함.
- **대화:** 두 사람의 대화로 구성하였으며 1~2개의 대화 쌍으로 이루어짐.
- **대화 어휘:** 대화를 연습할 때 알아야 할 어휘를 아래에 제시함.

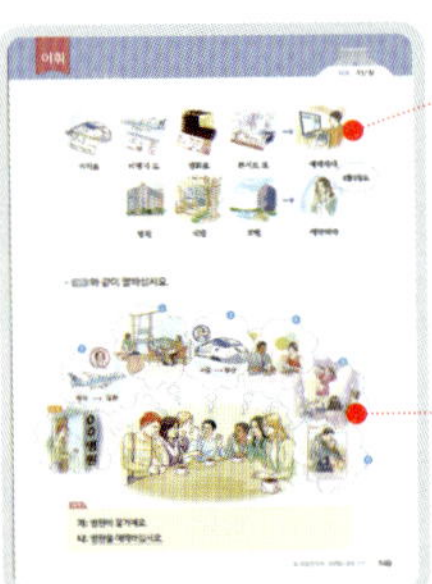

- **확장 어휘**
  해당 항의 주제와 관련이 있거나 1급에서 습득해야 할 어휘와 표현을 확장하여 제시함. 또한 학습자들이 제시된 어휘 항목을 쉽게 이해하고 학습할 수 있도록 그림이나 사진을 넣음.
- **어휘 연습**
  배운 어휘를 학습자가 제대로 이해했는지 바로 확인할 수 있도록 그림을 보고 쓰거나 말하는 문제로 제시함. 모범답안을 제시함.

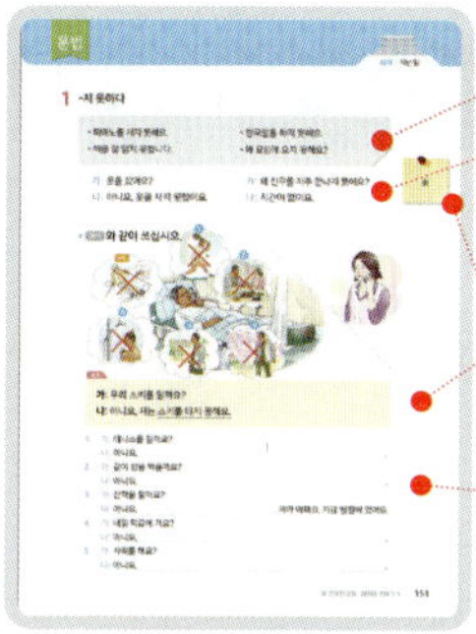

- **문법**: 해당 항의 문법을 제시함.
- **문법 예문**: 학습자가 예문을 통하여 제시된 문법을 잘 이해할 수 있도록 4개의 문장을 제시함. 언어권별로 번역한 문장을 별책에 수록함.
- **문법 대화**: 학습자가 대화 상황을 통해 제시된 문법을 잘 이해할 수 있도록 두 개의 대화를 보여주되 교재 앞부분에는 문장을 제시하기도 함. 언어권별로 번역한 대화를 별책에 수록함.
- **문법 연습**: 배운 문법을 맥락 안에서 적절히 사용할 수 있도록 만든 문제로 제시한 <보기>를 보고 문제에 답할 수 있도록 함. 모범답안을 제시함.
- **추가 어휘**: 배우지 않은 어휘가 있을 경우 옆에 추가로 제시함.

- **연습해 봅시다**

  각 항의 문법을 모두 아울러 앞에서 제시한 대화와 유사한 형식으로 말할 수 있도록 함. 모범답안을 제시함.
- **<보기>대화**

  앞에서 제시한 대화와 유사한 형식으로 제시하여 학습자가 쉽게 연습할 수 있도록 함.
- **추가어휘**

  배우지 않은 어휘가 있을 경우 아래에 추가로 제시함.

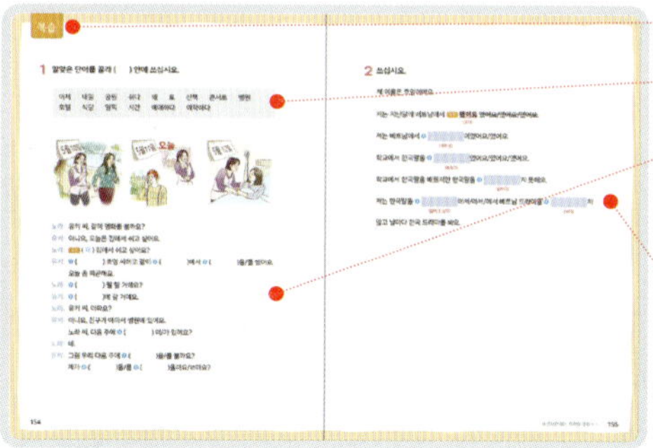

- **복습**: 과 전체의 어휘와 문법을 확인 학습할 수 있도록 함.
- **어휘**: 배운 어휘들 중에서 골라 답을 쓸 수 있도록 함.
- **1번**: 과 전체 어휘를 모두 아우르는 문제로 확장 어휘는 앞에서 확인 학습을 하였으므로 복습에서는 본문 대화 어휘를 위주로 하여 추가 어휘까지 모두 복습·확인할 수 있도록 함.
- **2번**: 과 전체 문법을 모두 아우르는 문제로 네 개의 문법 항목을 하나의 담화 상황에서 사용하여 연습할 수 있도록 함.

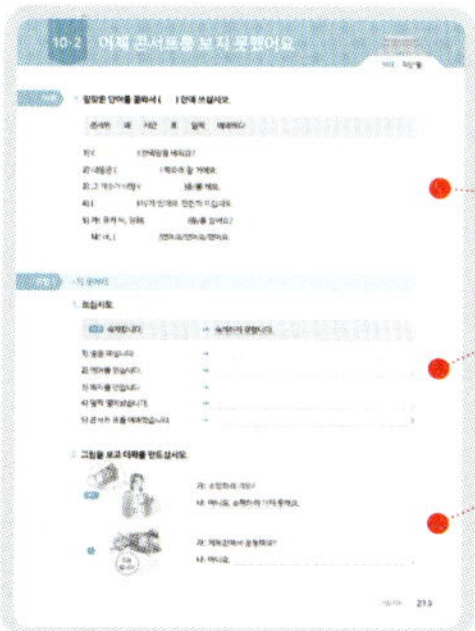

연습 문제

- **1번**: 대화 어휘 연습으로 이루어짐.
- **2번**: 조사 선택이나 두 문장을 연결하여 한 문장으로 쓰기 등의 단순한 문법 연습으로 이루어짐.
- **3번**: 대화를 완성하거나 그림을 보고 스스로 문장을 만드는 등의 문제를 통해 맥락 안에서 문법을 사용할 수 있게 연습하도록 함.

단원구성

과	소단원	문법	대화 어휘	확장 어휘
한글	1. 제자원리			
	2. 모음			
	3. 자음			
1과 인사와 소개	1. 저는 미국 사람입니다	입니다 은/는[1]	미국 사람, 이름, 저, 제, 네, 안녕하십니까?	나라, 노르웨이, 미국, 베트남, 브라질, 사람, 일본, 중국, 캐나다, 프랑스, 한국, 한국 사람, 호주, 어느, 감사합니다, 괜찮습니다, 죄송합니다, 안녕히 가십시오, 안녕히 계십시오
	2. 저는 회사원이 아닙니다	입니까? 이/가 아닙니다	씨, 학생, 회사원, 아니요	가수, 간호사, 기자, 누구, 배우, 선생님, 요리사, 은행원, 의사, 학생, 회사원
2과 물건	1. 그것이 무엇입니까?	이/가 이, 그, 저	교실, 그것, 무엇, 여기, 우리, 이것, 컴퓨터	거울, 달력, 문, 시계, 옷걸이, 의자, 저것, 지도, 창문, 책상, 친구, 칠판, 컴퓨터, 텔레비전, 누가
	2. 책이 있습니까?	이/가 있습니다 (없습니다) 도	공책, 책, 없다, 있다	가방, 공책, 볼펜, 신문, 연필, 잡지, 지갑, 책, 필통, 휴대전화
3과 학교	1. 은행은 학생회관 안에 있습니다.	에 있습니다 (없습니다) 은/는[2]	도서관, 안, 앞, 어디, 은행, 학생회관	기숙사, 꽃, 도서관, 뒤, 밖, 사무실, 서점, 식당, 아래, 안, 앞, 옆, 우체국, 위, 은행, 저기, 체육관, 편의점, 학생회관
	2. 기숙사 방이 아주 좋습니다	-습니다, -습니까? 과/와	근처, 방, 학생식당, 어떻다, 좋다, 아주	날씨, 나쁘다, 덥다, 많다, 시끄럽다, 작다, 적다, 조용하다, 좋다, 춥다, 크다
4과 친구	1. 한국말을 배웁니까?	에서 오다 을/를	저분, 한국말, 배우다, 왔습니다	물, 베트남말, 빵, 영어, 음악, 일본말, 중국말, 커피, 프랑스말, 한국말, 가르치다, 기다리다, 듣다, 마시다, 만나다, 먹다, 배우다, 보다, 사다, 쓰다, 읽다, 입다, 지금
	2. 주앙 씨와 같이 게임을 합니다	에서 과/와 같이	게임, 피시방, 날마다, 하다	꽃집, 노래방, 문구점, 백화점, 빵집, 찜질방, 태권도, 피시방, 게임하다, 공부하다, 노래하다, 식사하다, 아르바이트하다, 운동하다, 일하다

과	소단원	문법	대화 어휘	확장 어휘
5과 고향	1. 고향에 갑니다	에 가다 -고 싶다	고향, 내일, 바다, 수영, 언제, 가다	강, 고향, 바다, 산, 집, 호수, 회사, 가족을 만나다, 고향 음식을 먹다, 고향 친구를 만나다, 고향에 가다 · 누구, 무엇, 어디, 언제
	2. 하와이는 조용하고 아름답습니다	-지 않다 -고[1]	서울, 하와이, 복잡하다, 아름답다	경치, 남자, 생선, 생활, 여자, 깨끗하다, 더럽다, 바쁘다, 복잡하다, 아름답다, 예쁘다, 재미없다, 재미있다, 친절하다, 한가하다
6과 학교생활	1. 저는 날마다 아홉 시부터 한 시까지 공부합니다	에[1] 부터 까지	몇, 반, 보통, 시, 아홉, 점심, 하나(한)	반, 아침, 영화, 오전, 오후, 저녁, 점심 · 하나(한), 둘(두), 셋(세), 넷(네), 다섯, 여섯, 일곱, 여덟, 아홉, 열, 열하나, 열둘 · 시
	2. 집에서 숙제를 하십시오	-으십시오 -을까요?[1]	교과서, 대화, 번, 30(삼십), 수업, 숙제, 쪽, 알겠습니다	고맙다, 닫다, 운전하다, 전화하다, 피곤하다, 복습을 하다, 숙제를 하다, 시험을 보다, 예습을 하다 · 일, 이, 삼, 사, 오, 육, 칠, 팔, 구, 십, 이십, 삼십, 사십, 오십 · 분
7과 음식	1. 무슨 음식을 좋아합니까?	무슨 ㄹ동사	불고기, 만들다, 맛있다, 맵다, 좋아하다, 무슨, 그럼	과일, 녹차, 딸기, 맛, 불고기, 비빔밥, 사과, 삼계탕, 샌드위치, 서양, 액션영화, 우동, 유자차, 음식, 자장면, 짬뽕, 차, 초밥, 코미디 영화, 피자, 맛없다, 맛있다 · 길다, 놀다, 달다, 만들다, 멀다, 살다, 알다, 열다
	2. 무엇을 시킬까요?	-을까요?[2] -읍시다	그릇, 삼겹살, 인분, 시키다, 주다, 여기요, 배가 고프다	같이, 김밥, 맥주, 앉다 · 개, 그릇, 마리, 병, 인분, 잔, 줄, 판
8과 하루 생활	1. 오늘이 무슨 요일이에요?	이에요 -어요	오늘, 요일, 토요일	며칠, 생일, 크리스마스 · 월요일, 화요일, 수요일, 목요일, 금요일, 토요일, 일요일 · 월, 일
	2. 저녁을 먹고 무엇을 해요?	-고[2] ㄷ동사	산책, 저녁, 샤워하다, 그리고, 먼저, 뭘	끝나다, 샤워하다, 세수하다, 일어나다, 자다, 길을 묻다, 아침을 먹다, 이를 닦다, 저녁을 먹다, 점심을 먹다, 컴퓨터를 하다 · 걷다, 듣다, 묻다, 싣다 · 닫다, 받다

과	소단원	문법	대화 어휘	확장 어휘
9과 주말	1. 축구를 하러 운동장에 가요	-으러 -지만	운동장, 주말, 축구, 힘들다, 자주, 좀	골프, 골프장, 농구, 농구장, 서핑, 수영, 수영장, 스노보드, 스케이트, 스케이트장, 스키, 스키장, 요가, 운동장, 지하철, 축구, 탁구, 탁구장, 테니스, 테니스장, 비싸다, 빌리다, 빠르다, 잘하다, 치다, 타다
	2. 주말에 뭘 할 거예요?	-을 거예요[1] ㅂ동사	등산하다, 청소하다, 너무	김치, 아이, 한식, 데이트하다, 등산하다, 빨래하다, 쇼핑하다, 여행하다, 청소하다, 너무, 많이, 아주, 조금, 좀 · 귀엽다, 더럽다, 덥다, 돕다, 맵다, 반갑다, 쉽다, 시끄럽다, 아름답다, 어렵다, 춥다 · 입다, 좁다
10과 지난 일	1. 어제 뭘 했어요?	-었어요 안	공원, 어제, 쉬다	그제, 금년, 내년, 내일, 다음, 달, 모레, 어제, 오늘, 올해, 이번, 작년, 주, 지난달, 지난주
	2. 콘서트를 보지 못했어요	-지 못하다 -어서[1]	콘서트, 표, 예매하다, 왜, 일찍, 시간이 없다	기차표, 병원, 비행기 표, 식당, 영화표, 옷, 콘서트 표, 호텔, 늦다, 아프다, 예매하다, 예약하다 · 늦게, 빨리, 일찍, 천천히

차례

등장인물 | Main characters

에릭 파커
- 미국
- 어학당 학생
- 한국전자 직원

존 카마우
- 케냐
- 어학당 학생
- 교환학생

사토 유키
- 일본
- 어학당 학생
- 기자

리타오
- 중국
- 어학당 학생
- 대학 입학 예정자

노라 한슨
- 노르웨이
- 어학당 학생
- 대학원 입학 예정자

최주앙
- 브라질
- 어학당 학생
- 대학 휴학생

응웬 흐엉
- 베트남
- 어학당 학생

레오 마르탱
- 프랑스
- 어학당 학생
- 요리사

올리비아 스미스
- 호주
- 어학당 학생
- 외교관

이윤아
- 한국
- 대학생

정하늘
- 한국
- 대학생

김우진
- 한국
- 한국전자 직원

한글

한글은 소리가 나는 대로 적고 발음할 수 있는 표음문자이다. 그리고 만든 사람과 반포일, 창제 원리까지도 알 수 있는 문자이다. 한글은 조선 왕조의 세종대왕과 집현전 학자들에 의해 15세기에 만들어졌다. 한글이 만들어지기 전에는 중국의 문자인 한자를 사용했는데 한국말은 중국말과 다르므로 한자로는 잘 표기할 수 없었으며 한자는 익히기가 어려워 지배계층 이외의 일반인들은 자신의 생각을 글로 표현하기가 힘들었다.

세종대왕과 집현전 학자들은 이와 같은 불편을 겪는 백성들을 위하여 소리를 쉽게 표기할 수 있는 문자를 만들었다. 1446년 반포될 당시에는 창제된 문자의 이름이 '백성을 가르치는 바른 소리'라는 의미의 '훈민정음(訓民正音)'이었다. '한글'이라는 이름은 1910년대 초 한글학자들이 부르기 시작한 것으로 '한'이란 '크다'를 의미하므로 '한글'은 '큰 글'이라는 뜻이다.

한글의 자음과 모음을 만든 원리와 용법을 자세히 밝힌 해설서인 국보 70호 '훈민정음 해례본(1446년)'은 1997년 유네스코(UNESCO) 세계 기록문화 유산으로 지정되었다.

1. 제자 원리

1) 한글의 자음은 소리를 낼 때 발음기관의 모양을 본떠 기본 글자 'ㄱ, ㄴ, ㅁ, ㅅ, ㅇ'를 만들고 이 다섯 글자를 기본으로 획을 하나 더하거나 글자를 포개는 것으로 다른 글자를 만들었다.

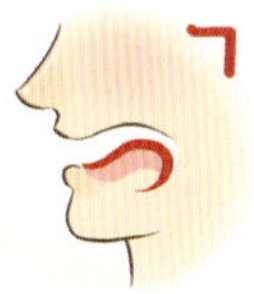

예) ㄱ → ㅋ, ㄱ → ㄲ

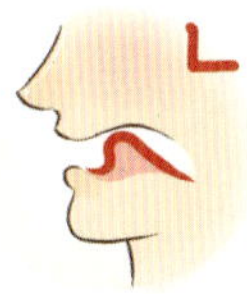

예) ㄴ → ㄷ → ㅌ,
ㄷ → ㄸ

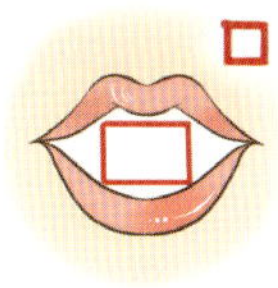

예) ㅁ → ㅂ → ㅍ,
ㅂ → ㅃ

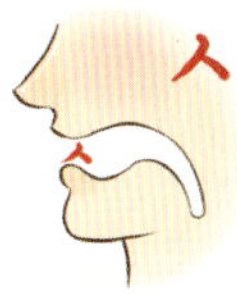

예) ㅅ → ㅈ → ㅊ,
ㅅ → ㅆ, ㅈ → ㅉ

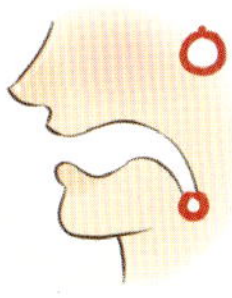

예) ㅇ

2) 한글의 모음은 둥근 하늘, 평평한 땅, 서 있는 사람을 형상화한 기호 '·, ㅡ, ㅣ' 3개를 기본으로 해서 이를 조합하는 방식으로 복잡한 모음 체계를 표현해 낼 수 있다.

예)				
	· + ㅡ = ㅗ	ㅡ + · = ㅜ	ㅣ + · = ㅏ	· + ㅣ = ㅓ
	ㅣ + ㅗ = ㅛ	ㅣ + ㅜ = ㅠ	ㅣ + ㅏ = ㅑ	ㅣ + ㅓ = ㅕ
	ㅗ + ㅏ = ㅘ	ㅜ + ㅓ = ㅝ		

3) 한글의 음절을 만들어내는 방법은 다음과 같다.

① 모음 예) 아, 이, 왜
② 자음 + 모음 예) 자, 소, 비
③ 모음 + 자음 예) 연, 옷, 잎
④ 자음 + 모음 + 자음 예) 공, 문, 쌀

2. 모음

모음은 입술의 모양과 혀의 높이에 따라 그 소리가 다르다. 모음은 크게 '단모음'과 '이중모음'으로 나눌 수 있는데 '단모음'은 발음하는 동안 입술이나 혀가 움직이지 않는 모음을 말하고 '이중모음'은 입술이나 혀가 움직이는 모음을 말한다. 모음은 위에서 아래로, 왼쪽에서 오른쪽으로 쓰는 것이 원칙이며 자음의 오른쪽이나 아래에 위치한다. 모음으로 시작하는 음절의 경우는 자음의 위치에 소릿값이 없는 'ㅇ'을 써 준다.

단모음	ㅏ	ㅐ	ㅓ	ㅔ	ㅗ	ㅚ	ㅜ	ㅟ	ㅡ	ㅣ	
	아	애	어	에	오	외	우	위	으	이	

이중모음	ㅑ	ㅒ	ㅕ	ㅖ	ㅘ	ㅙ	ㅛ	ㅝ	ㅞ	ㅠ	ㅢ
	야	얘	여	예	와	왜	요	워	웨	유	의

1) 단모음

예) 아

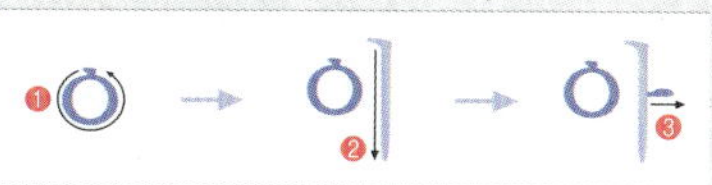

우

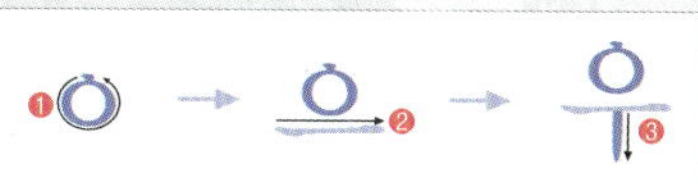

예) 애

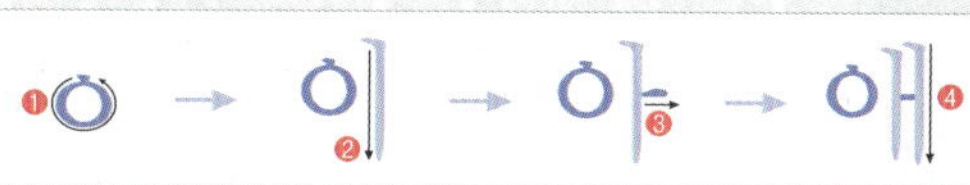

* 단모음 중에서 'ㅚ'와 'ㅟ'는 이중모음처럼 입술이나 혀를 움직이며 발음해도 된다.

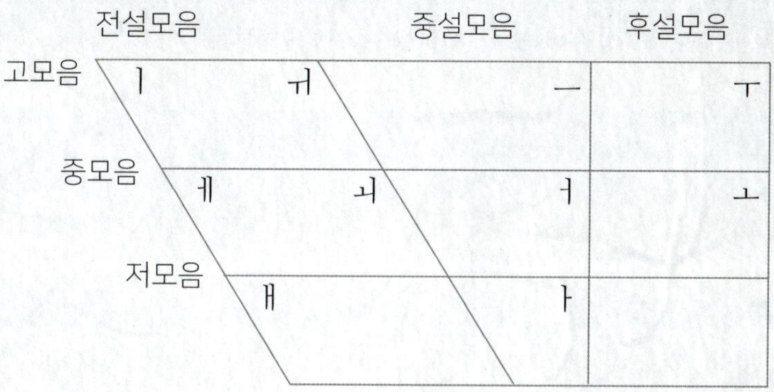

구분	혀의 앞뒤	전설모음		중설모음	후설모음
혀의 높이	입술의 모양	평순모음	원순모음	평순모음	원순모음
	고모음	ㅣ [i]	ㅟ [ü/wi]	ㅡ [ɨ]	ㅜ [u]
	중모음	ㅔ [e]	ㅚ [ö/we]	ㅓ [ə]	ㅗ [o]
	저모음	ㅐ [ɛ]		ㅏ [ɑ]	

2) 이중모음

ㅑ	ㅕ	ㅛ	ㅠ	ㅒ	ㅖ	ㅘ	ㅙ	ㅝ	ㅞ	ㅢ
[ja]	[jə]	[jo]	[ju]	[jɛ]	[je]	[wa]	[wɛ]	[wo]	[we]	[ɨi]

예) 와

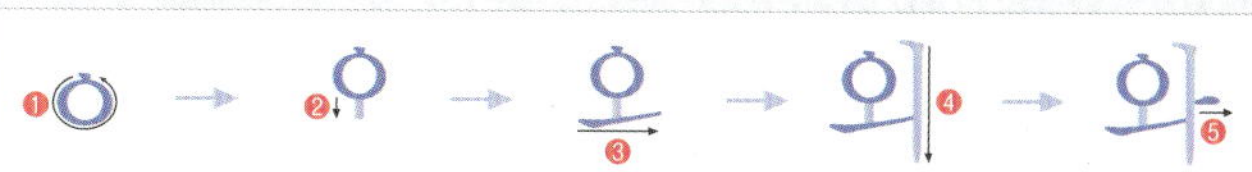

3. 자음

ㄱ	ㄴ	ㄷ	ㄹ	ㅁ	ㅂ	ㅅ	ㅇ	ㅈ	ㅊ
기역	니은	디귿	리을	미음	비읍	시옷	이응	지읒	치읓
ㅋ	**ㅌ**	**ㅍ**	**ㅎ**	**ㄲ**	**ㄸ**	**ㅃ**	**ㅆ**	**ㅉ**	
키읔	티읕	피읖	히읗	쌍기역	쌍디귿	쌍비읍	쌍시옷	쌍지읒	

자음은 소리를 내는 위치와 방식, 소리의 세기, 울림에 따라 그 소리가 다르다. 자음은 위에서 아래로, 왼쪽에서 오른쪽으로 쓰는 것이 원칙이며 모음의 왼쪽이나 위에 위치한다. 모음 아래에 자음을 쓰기도 하는데 이때 이 자음을 받침이라한다.

구분			소리 내는 위치				
소리 내는 방식			입술소리	잇몸소리	센입천장소리	여린입천장소리	목청소리
안울림소리	파열음	예사소리	ㅂ[p]	ㄷ[t]		ㄱ[k]	
		된소리	ㅃ[p']	ㄸ[t']		ㄲ[k']	
		거센소리	ㅍ[p^h]	ㅌ[t^h]		ㅋ[k^h]	
	파찰음	예사소리			ㅈ[ch]		
		된소리			ㅉ[ch']		
		거센소리			ㅊ[ch^h]		
	마찰음	예사소리		ㅅ[s]			ㅎ[h]
		된소리		ㅆ[s']			
울림소리	비음		ㅁ[m]	ㄴ[n]		ㅇ[ŋ]	
	유음			ㄹ[r/l]			

예) 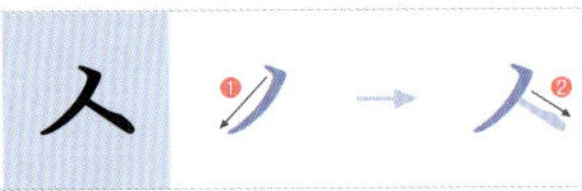

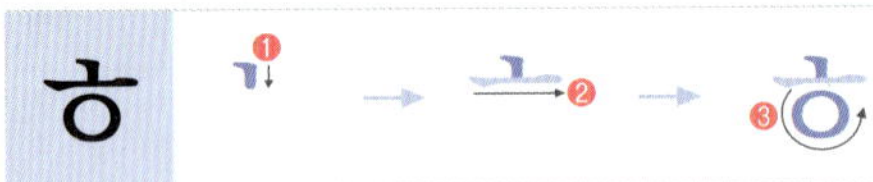

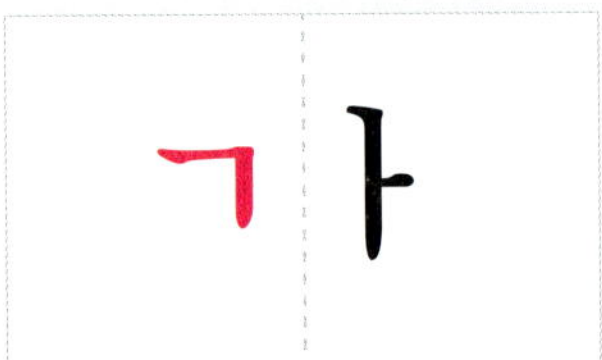

모음의 왼쪽: 예) 가, 비, 터, 매

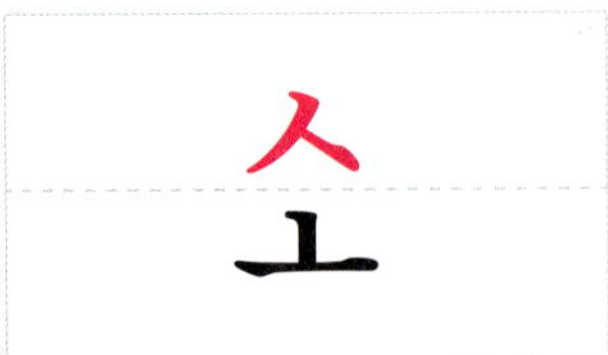

모음의 위: 예) 소, 푸, 회, 늬

모음의 아래: 예) 벽, 철, 문, 꽃

거의 모든 자음이 받침으로 쓰일 수 있으나 그 소리는 [k], [n], [t], [l], [m], [p], [ŋ] 7가지로만 발음된다.

받침으로 쓰이는 자음	대표음	발음	예)
ㄱ,ㄲ,ㅋ	ㄱ	[k]	각[각], 밖[박], 부엌[부억]
ㄴ	ㄴ	[n]	눈[눈]
ㄷ,ㅅ,ㅆ,ㅈ,ㅊ,ㅌ,ㅎ	ㄷ	[t]	낟[낟], 낱[낟], 낫[낟], 났[낟], 낮[낟], 낯[낟], 히읗[히읃]
ㄹ	ㄹ	[l]	물[물]
ㅁ	ㅁ	[m]	감[감]
ㅂ,ㅍ	ㅂ	[p]	입[입], 잎[입]
ㅇ	ㅇ	[ŋ]	강[강]

두 개의 서로 다른 자음으로 이루어진 받침을 '겹받침'이라고 한다. 겹받침이 들어 있는 낱말은 겹받침이 낱말 끝에 오거나 뒤에 자음으로 시작하는 말이 오면 겹받침 가운데 하나만 발음한다.

	겹받침	예
첫째 자음을 발음하는 경우	ㄳ, ㄶ, ㄵ, ㄼ, ㄾ, ㅄ	삯, 많다, 앉다, 여덟 핥다, 값, 없다
끝자음을 발음하는 경우	ㄺ, ㄻ, ㄿ	늙다, 삶다, 읊다
두 개의 자음 모두를 발음하는 경우	ㄼ, ㄺ	넓다, 밟다, 읽기, 읽다

※ 뒤에 모음으로 시작하는 말이 오면 겹받침 둘 다 발음한다.

예)	읽다	[익따]	읽어요	[일거요]

1과

인사와 소개

01 저는 미국 사람입니다

대화 어휘: 미국 사람, 이름, 저, 제, 네, 안녕하십니까?

확장 어휘: 나라, 노르웨이, 미국, 베트남, 브라질, 사람, 일본, 중국, 케냐, 프랑스, 한국, 한국 사람, 호주, 어느, 감사합니다, 괜찮습니다, 죄송합니다, 안녕히 가십시오, 안녕히 계십시오

문법: 입니다
은/는[1]

02 저는 회사원이 아닙니다

대화 어휘: 씨, 학생, 회사원, 아니요.

확장 어휘: 가수, 간호사, 기자, 누구, 배우, 선생님, 요리사, 은행원, 의사, 학생, 회사원

문법: 입니까?
이/가 아닙니다

MP3 / 01

1. 저는 미국 사람입니다

- 이름이 무엇입니까?
- 어느 나라 사람입니까?

유키: 안녕하십니까? 제 이름은 유키입니다.

에릭: 네, 안녕하십니까? 저는 에릭입니다.
미국 사람입니다.

안녕하십니까?　제　이름　네　저　미국 사람

어휘

사람

한국 사람

● 보기 와 같이 쓰십시오.

보기

노르웨이 사람

1

2

3

4

5

6

7

8

9

어휘

● 보기 와 같이 말하십시오.

1 입니다

- 김진우입니다.
- 저는 미국 사람입니다.
- 한국 사람입니다.
- 제 이름은 에릭입니다.

한국입니다.

이윤아입니다.

- 보기 와 같이 말하십시오.

보기

최주앙입니다.

2 은/는[1]

- 저는 중국 사람입니다.
- 제 이름은 유키입니다.
- 윤아 씨는 학생입니다.
- 이것은 제 볼펜입니다.

제 이름은 에릭 파커입니다.

가: 어느 나라 사람입니까?

나: 저는 한국 사람입니다.

어느
나라

- 보기 와 같이 말하십시오.

연습해 봅시다

• 보기 와 같이 말하십시오.

보기

가: 안녕하십니까?

나: 네, 안녕하십니까? 제 이름은 올리비아입니다. 호주 사람입니다.

가: 저는 흐엉입니다. 베트남 사람입니다.

2. 저는 회사원이 아닙니다

MP3 / 02

- 누구입니까?
- 직업이 무엇입니까?

하늘: 리타오 씨, 리타오 씨는 회사원입니까?

리타오: 아니요, 저는 회사원이 아닙니다. 학생입니다.

씨 회사원 아니요 학생

어휘

학생

기자

의사

가수

배우

선생님

회사원

은행원

간호사

요리사

- 보기 와 같이 쓰십시오.

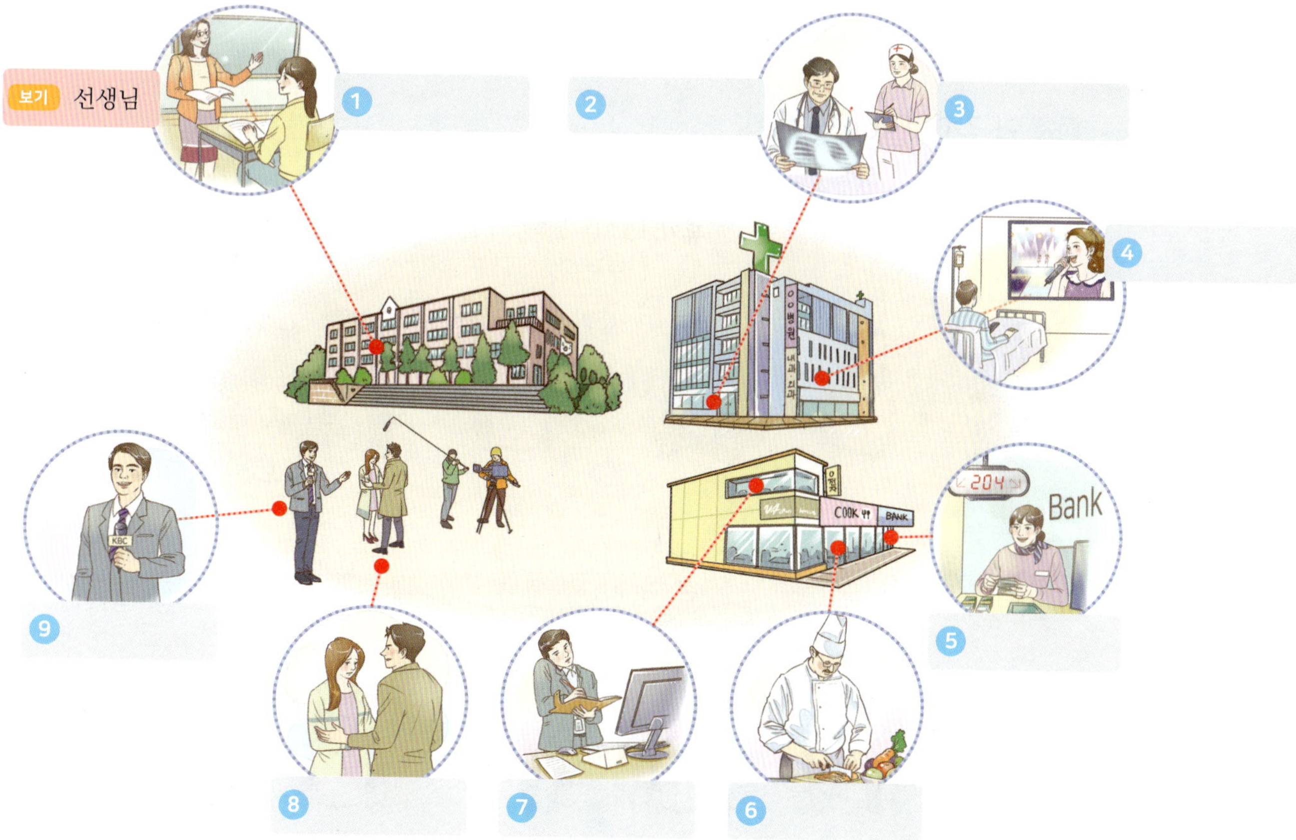

1 입니까?

- 학생입니까?
- 이름이 무엇입니까?
- 중국 사람입니까?
- 올리비아 씨는 어느 나라 사람입니까?

가: 회사원입니까?
나: 네, 회사원입니다.

가: 누구입니까?
나: 노라입니다.

누구

● 보기 와 같이 말하십시오.

존: 유키 씨입니까?
유키: 네, 저는 유키 입니다.

보기

존: ____________?
유키: 네, 저는 일본 사람입니다.

1

존: ____________?
유키: 아니요, 저는 기자입니다.

2

유키: ____________?
존: 네, 저는 존입니다.

3

유키: ____________?
존: 아니요, 저는 케냐 사람입니다.

4

유키: ____________?
존: 네, 저는 학생입니다.

5

2 이/가 아닙니다

- 저는 가수가 아닙니다.
- 노라 씨는 기자가 아닙니다.
- 저는 한국 사람이 아닙니다.
- 김우진 씨는 선생님이 아닙니다.

가: 일본 사람입니까?

나: 아니요, 일본 사람이 아닙니다.

가: 의사입니까?

나: 아니요, 의사가 아닙니다.

• 보기 와 같이 말하십시오.

보기

가: 미국 사람입니까?

나: 아니요, 저는 미국 사람이 아닙니다.

연습해 봅시다

● 보기 와 같이 말하십시오.

보기

1

2

3

보기

가: 중국 사람입니까?

나: 아니요, 저는 중국 사람이 아닙니다. 일본 사람입니다.

가: 선생님입니까?

나: 아니요, 저는 선생님이 아닙니다. 기자입니다.

복습

1 알맞은 단어를 골라서 (　　) 안에 쓰십시오.

저　제　씨　네　아니요　이름　학생　한국　회사원
미국 사람　안녕하십니까

가: 보기 (안녕하십니까)?

나: 안녕하십니까? ❶ (　　　　　)은/는 최주앙입니다.

가: ❷ (　　　　　) 이름은 에릭입니다. ❸ (　　　　　)입니다.
　주앙 ❹ (　　　　　)은/는 호주 사람입니까?

나: ❺ (　　　　　), 저는 호주 사람이 아닙니다. 브라질 사람입니다.
　에릭 씨는 의사입니까?

가: 아니요, 저는 의사가 아닙니다. ❻ (　　　　　)입니다.
　주앙 씨는 ❼ (　　　　　)입니까?

나: ❽ (　　　　　), 저는 학생입니다.

2 그림을 보고 대화를 만드십시오.

윤아: 안녕하십니까? 보기 이윤아입니다.

레오: 네, 안녕하십니까? ❶ ______ 은/는 레오입니다.

윤아: 레오 씨는 미국 사람입니까?

레오: 아니요, 저는 ❷ ______. 프랑스 사람입니다.

윤아: ❸ ______ 입니까?

레오: 네, 저는 ❹ ______ 입니다.

2과

물건

01 그것이 무엇입니까?

대화 어휘: 교실, 그것, 무엇, 여기, 우리, 이것, 컴퓨터

확장 어휘: 거울, 달력, 문, 시계, 옷걸이, 의자, 저것, 지도, 창문, 책상, 친구, 칠판, 컴퓨터, 텔레비전, 누가

문법: 이/가
이, 그, 저

02 책이 있습니까?

대화 어휘: 공책, 책, 없다, 있다

확장 어휘: 가방, 공책, 볼펜, 신문, 연필, 잡지, 지갑, 책, 필통, 휴대전화

문법: 이/가 있습니다(없습니다)
도

1. 그것이 무엇입니까?

MP3 / 03

- 여기가 어디입니까?
- 무엇입니까?

윤아: 여기가 유키 씨 교실입니까?
유키: 네, 여기가 우리 교실입니다.
윤아: 그것이 무엇입니까?
유키: 이것이 컴퓨터입니다.

여기 교실 우리 그것 무엇 이것 컴퓨터

어휘

	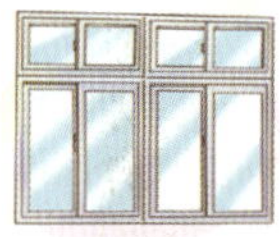			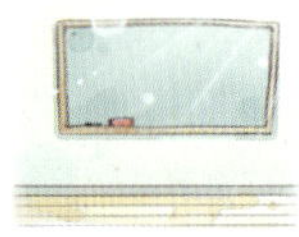	
문	창문	책상	의자	칠판	지도
			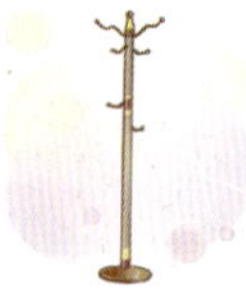		
달력	시계	거울	옷걸이	컴퓨터	텔레비전

• 보기 와 같이 쓰고 말하십시오.

보기

가: 무엇입니까?

나: 칠판입니다.

문법

1 이/가

- 제 친구가 은행원입니다.
- 마리아 씨가 가수입니까?
- 이것이 한국어 책입니다.
- 누가 제이슨 씨입니까?

친구
누가

가: 친구 이름이 노라입니까?
나: 네, 친구 이름이 노라입니다.

가: 누가 요리사입니까?
나: 레오 씨가 요리사입니다.

- 올리비아 친구들 사진입니다. 보기 와 같이 말하십시오.

보기

가: 친구 이름이 무엇입니까?
나: 친구 이름이 유키입니다.

가: 유키 씨가 기자입니까?
나: 네, 유키 씨가 기자입니다.

2 이, 그, 저

- 이분이 우리 선생님입니다.
- 이 교실이 1급 교실입니까?
- 그 교과서는 제 교과서입니다.
- 저것이 무엇입니까?

가: 이 지도가 한국 지도입니까?
나: 네, 그 지도가 한국 지도입니다.

가: 저것이 무엇입니까?
나: 저것이 시계입니다.

저것

- 보기 와 같이 말하십시오.

보기

1

2

3

4

5

보기

가: 그것이 무엇입니까?
나: 이것이 옷걸이입니다.

연습해 봅시다

• 보기 와 같이 말하십시오.

보기

1

2

3

보기

가: 여기가 우리 교실입니까?

나: 네, 여기가 우리 교실입니다.

가: 선생님, 이것이 무엇입니까?

나: 그것이 달력입니다.

MP3 / 04

2. 책이 있습니까?

- 누가 에릭 씨입니까?
- 에릭 씨가 학생입니까?

유키: 책이 있습니까?
에릭: 네, 책이 있습니다.
유키: 공책도 있습니까?
에릭: 아니요, 없습니다.

책 있다 공책 없다

어휘

책

공책

필통

연필

볼펜

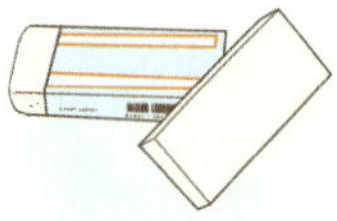

지우개

돈

지갑

가방

휴지

학생증

휴대전화

• 보기 와 같이 쓰십시오.

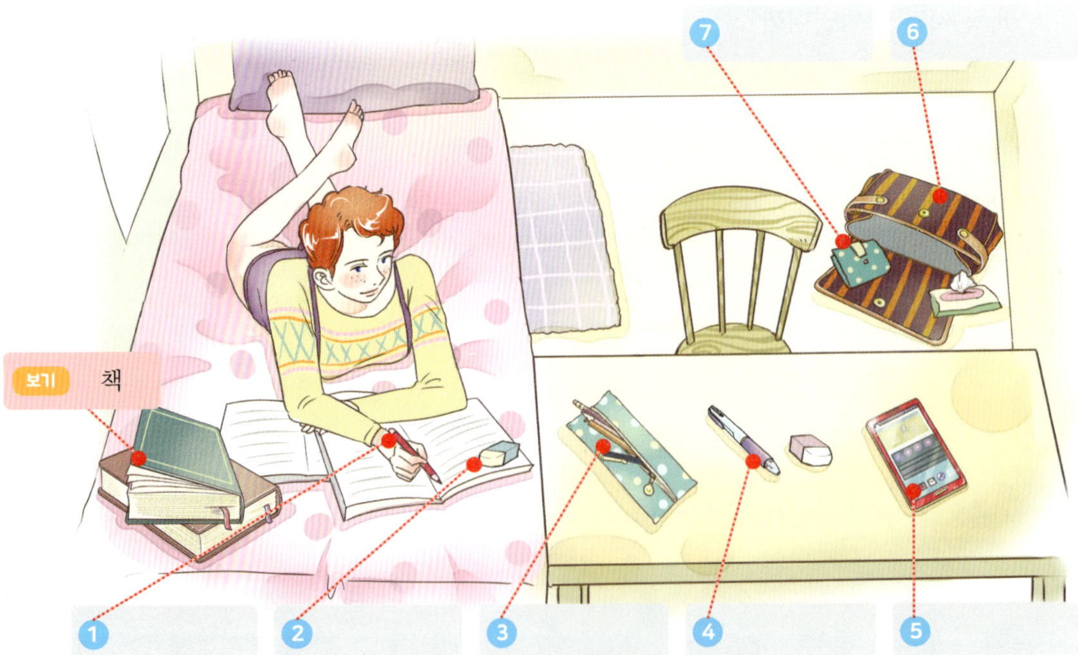

1 이/가 있습니다(없습니다)

- 유키 씨는 여동생이 있습니다.
- 저는 돈이 없습니다.
- 공책이 있습니다.
- 존 씨, 한국 친구가 있습니까?

가: 돈이 있습니까?
나: 네, 돈이 있습니다.

가: 휴지가 있습니까?
나: 아니요, 휴지가 없습니다.

- 보기 와 같이 말하십시오.

보기

가: 지갑이 있습니까?
나: 네, 지갑이 있습니다.

2 도

- 연필이 있습니다. 볼펜도 있습니다.
- 미국 친구가 있습니다. 한국 친구도 있습니다.
- 이것이 한국어 책입니다. 저것도 한국어 책입니다.
- 유키 씨는 기자입니다. 노라 씨도 기자입니까?

에릭 씨는 회사원입니다.
김우진 씨도 회사원입니다.

신문
잡지

가: 신문이 있습니까?
나: 네, 신문이 있습니다.
가: 잡지도 있습니까?
나: 네, 잡지도 있습니다.

- 보기 와 같이 말하십시오.

보기

유키 / 리에 / 일본 사람입니다.

가: 유키 씨가 일본 사람입니까?
나: 네, 유키 씨가 일본 사람입니다.
가: 리에 씨도 일본 사람입니까?
나: 네, 리에 씨도 일본 사람입니다.

1. 존 / 리타오 / 학생입니다.
2. 저것 / 저것 / 지도입니다.
3. 이것 / 이것 / 시계입니다.
4. 책 / 공책 / 있습니다.
5. 지갑 / 필통 / 있습니다.

연습해 봅시다

- 보기 와 같이 말하십시오.

연필 / 볼펜 책 / 공책 가방 / 지갑

휴지 / 거울 시계 / 달력 필통 / 지우개

보기

가: 연필이 있습니까?
나: 네, 연필이 있습니다.
가: 볼펜도 있습니까?
나: 네, 볼펜도 있습니다.

복습

1 그림을 보고 알맞은 단어를 골라서 (　　) 안에 쓰십시오.

이것	그것	여기	교실	무엇	컴퓨터	책상	칠판
책	달력	공책	필통	지갑	지우개	가방	

1)

2)

1) **존:** 보기 (여기)이/가 ❶ (　　　　　)입니다. ❷ (　　　　　)이/가 제 ❸ (　　　　　) 입니다. ❹ (　　　　　)이/가 있습니다. ❺ (　　　　　)도 있습니다.

레오: 저것이 제 책상입니다. ❻ (　　　　　)이/가 있습니다. ❼ (　　　　　)도 있습니다.

2) **선생님:** 유키 씨, 이것이 유키 씨 ❽ (　　　　　)입니까?

유키: 네, ❾ (　　　　　)이/가 제 공책입니다. 감사합니다.

2 그림을 보고 쓰십시오.

우리 방입니다. 달력(이/가) 있습니다. 보기 지도가 없습니다.

이 책상은 제 책상입니다. 공책이 있습니다. ❶ 필통 ________________.

❷ ________ 책상은 노라 씨 책상입니다.

❸ 연필 ________________. 지우개도 있습니다.

3과

학교

01 은행은 학생회관 안에 있습니다

대화 어휘: 도서관, 안, 앞, 어디, 은행, 학생회관

확장 어휘: 기숙사, 꽃, 도서관, 뒤, 밖, 사무실, 서점, 식당, 아래, 안, 앞, 옆, 우체국, 위, 은행, 저기, 체육관, 편의점, 학생회관

문법: 에 있습니다(없습니다)

은/는[2]

02 기숙사 방이 아주 좋습니다

대화 어휘: 근처, 방, 학생식당, 어떻다, 좋다, 아주

확장 어휘: 날씨, 나쁘다, 덥다, 많다, 시끄럽다, 작다, 적다, 조용하다, 좋다, 춥다, 크다

문법: -습니다 / 습니까?

과/와

1. 은행은 학생회관 안에 있습니다

MP3 / 05

- 여기가 어디입니까?
- 학교에 무엇이 있습니까?

에릭: 윤아 씨, 도서관이 어디에 있습니까?
윤아: 도서관이 학생회관 앞에 있습니다.
에릭: 은행은 어디에 있습니까?
윤아: 은행은 학생회관 안에 있습니다.

도서관　어디　학생회관　앞　은행　안

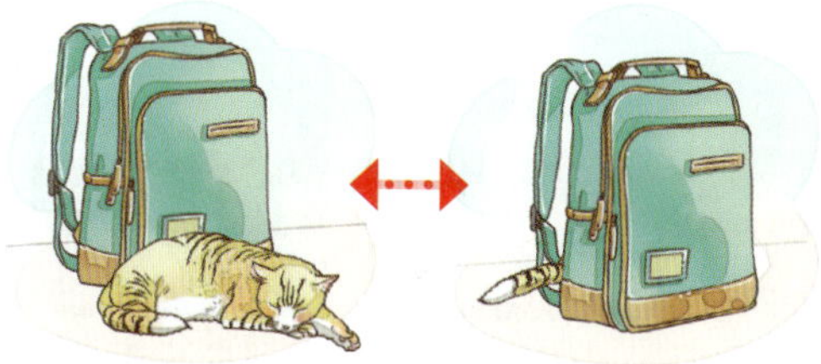

앞 뒤

아래 위

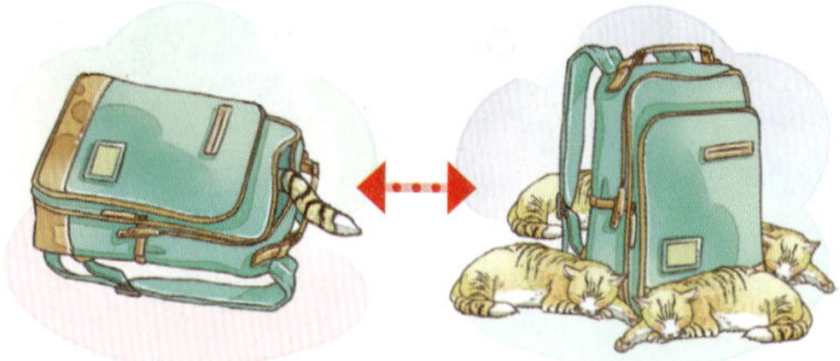

안 밖

옆

• 보기 와 같이 쓰십시오.

〈 학교 〉

서점

식당

은행

기숙사

도서관

사무실

우체국

체육관

편의점

학생회관

● 보기 와 같이 쓰십시오.

보기

학생회관입니다.

1) ______________ 2) ______________ 3) ______________

4) ______________ 5) ______________ 6) ______________

7) ______________ 8) ______________ 9) ______________

1 에 있습니다 (없습니다)

- 공책이 가방 안에 있습니다.
- 교실에 지도가 있습니까?
- 윤아 씨가 교실에 없습니다.
- 은행이 어디에 있습니까?

가: 꽃이 어디에 있습니까?
나: 꽃이 책상 위에 있습니다.

가: 학교에 기숙사가 있습니까?
나: 아니요, 학교에 기숙사가 없습니다.

꽃

- 보기 와 같이 말하십시오.

보기

에릭 가: 에릭 씨가 어디에 있습니까?
나: 에릭 씨가 도서관에 있습니다.

① 노라 ② 리타오 ③ 올리비아 ④ 유키 ⑤ 주앙

2 은/는[2]

- 달력이 있습니다. 지도는 없습니다.
- 이것은 연필입니다. 저것은 볼펜입니다.
- 유키 씨가 기자입니다. 올리비아 씨는 외교관입니다.
- 은행은 서점 앞에 있습니다. 우체국은 어디에 있습니까?

한국 친구가 있습니다.
미국 친구는 없습니다.

가: 여기가 어디입니까?
나: 기숙사입니다.
가: 저기는 어디입니까?
나: 도서관입니다.

저기

● 보기 와 같이 말하십시오.

보기

윤아/에릭 **가**: 윤아가 어디에 있습니까?
나: 식당에 있습니다.
가: 에릭도 식당에 있습니까?
나: 아니요, 에릭은 도서관에 있습니다.

① 주앙/리타오
② 노라/유키
③ 흐엉/올리비아
④ 선생님/존
⑤ 우체국/편의점

연습해 봅시다

• 보기 와 같이 말하십시오.

보기

가: 기숙사가 어디에 있습니까?

나: 기숙사가 도서관 뒤에 있습니다.

가: 서점은 어디에 있습니까?

나: 서점은 학생회관 안에 있습니다.

2. 기숙사 방이 아주 좋습니다

- 학교에 무엇이 있습니까?
- 거기가 어떻습니까?

에릭: 윤아 씨, 기숙사 방이 어떻습니까?
윤아: 기숙사 방이 아주 좋습니다.
에릭: 기숙사 근처에 무엇이 있습니까?
윤아: 기숙사 근처에 학생식당과 우체국이 있습니다.

방　어떻다　아주　좋다　근처　학생식당

크다
↕
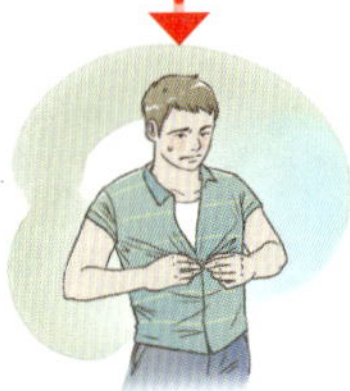
작다

많다
↕

적다

덥다
↕

춥다

좋다
↕

나쁘다

조용하다
↕

시끄럽다

• 식당이 어떻습니까? 보기 와 같이 쓰십시오.

보기 크다

1. ________

2. ________

3. 사람이 ________

4. ________

5. ________

6. ________

7. 사람이 ________

1 -습니다 / 습니까?

- 학교가 큽니다.
- 에릭 씨가 잡니다.
- 책이 많습니다.
- 날씨가 춥습니까?

가: 도서관이 큽니까?
나: 네, 아주 큽니다.

가: 날씨가 어떻습니까?
나: 덥습니다.

날씨

• 보기 와 같이 말하십시오.

보기

사람
가: 사람이 많습니까?
나: 네, 사람이 많습니다.

① 날씨	② 기자	③ 체육관	④ 하늘 씨	⑤ 주앙 씨

문법

2 과/와 (하고)

- 호주 사람과 미국 사람이 있습니다.
- 교실에 시계와 달력이 있습니다.
- 제 친구 노라 씨하고 흐엉 씨입니다.
- 기숙사하고 체육관이 식당 옆에 있습니까?

가: 가방에 무엇이 있습니까?

나: 가방에 책과 공책이 있습니다.

가: 누구입니까?

나: 에릭하고 리타오입니다.

- 보기 와 같이 말하십시오.

보기

지갑 가: 지갑에 무엇이 있습니까?

나: 돈과 학생증이 있습니다.

① 가방 ② 필통 ③ 책상 위 ④ 책상 아래 ⑤ 기숙사 밖

연습해 봅시다

• 보기 와 같이 말하십시오.

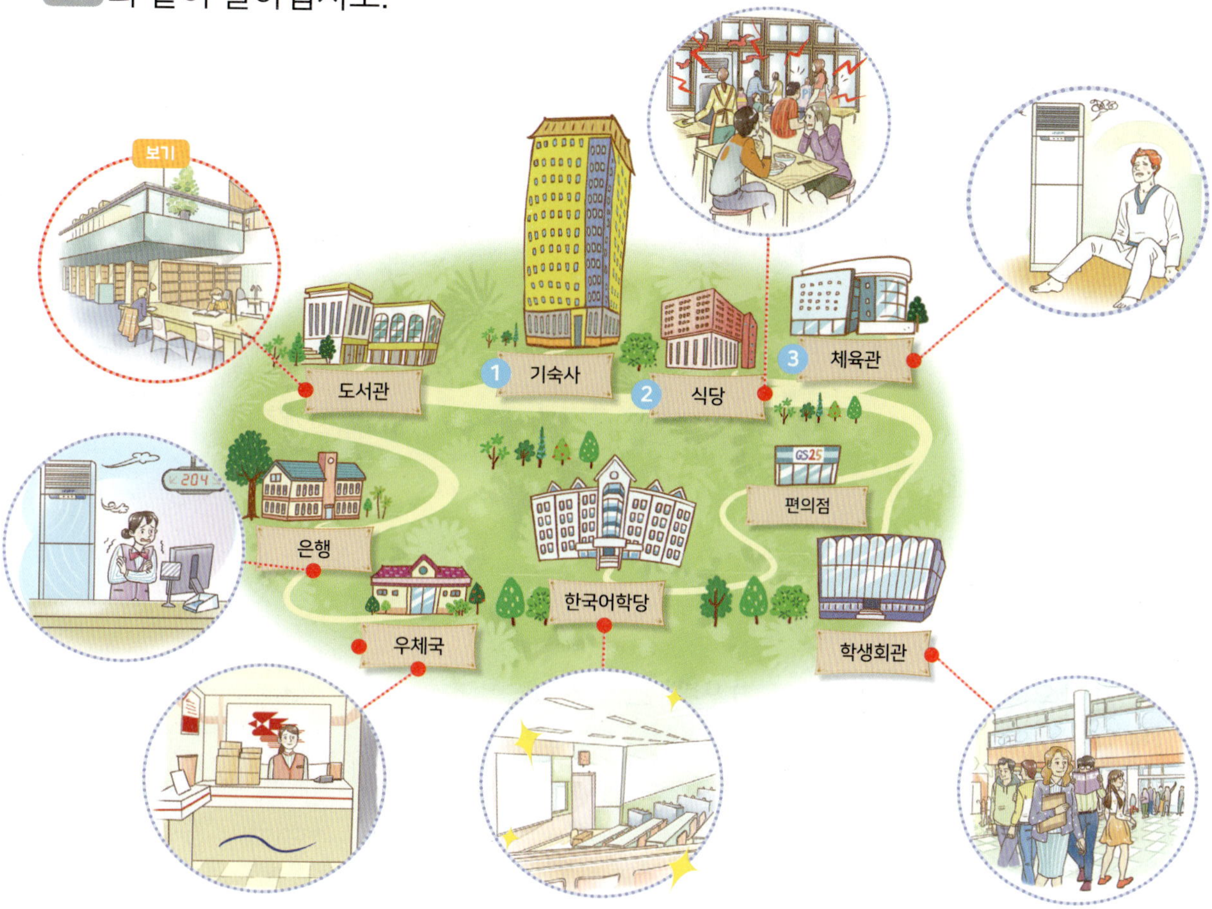

보기

가: 도서관이 어떻습니까?

나: 도서관이 아주 좋습니다.

가: 도서관 근처에 무엇이 있습니까?

나: 기숙사와 은행이 있습니다.

복습

1 반대말을 찾아서 연결하십시오.

보기 앞	● — ●	밖
1) 안	●	● 아래
2) 위	●	● 뒤
3) 많다	●	● 작다
4) 크다	●	● 춥다
5) 덥다	●	● 적다
6) 좋다	●	● 시끄럽다
7) 조용하다	●	● 나쁘다

2 알맞은 단어를 골라서 (　　) 안에 쓰십시오.

근처	은행	기숙사	도서관	방
학생식당	학생회관	어디	아주	어떻다

가: 은행이 ❺ (   )에 있습니까?

나: 학생회관 옆에 있습니다. 은행이 ❻ (   ) 큽니다.

가: 은행 ❼ (   )에 무엇이 있습니까?

나: 학생회관하고 기숙사가 있습니다.

가: 기숙사는 ❽ (   )습니까/ㅂ니까?

나: 아주 좋습니다. ❾ (   )도 많습니다.

3 그림을 보고 대화를 만드십시오.

가: 우체국이 어디에 있습니까?

나: 보기 기숙사에 있습니다.

가: 기숙사에 식당도 있습니까?

나: 네, 식당도 있습니다. 식당이 ❶ ________ 습니다/ㅂ니다.

가: 기숙사에 편의점도 있습니까?

나: 아니요, ❷ ________ 은/는 ❸ ________ 에 없습니다.
체육관 안에 있습니다.

가: 체육관이 ❹ ________ 습니까/ㅂ니까?

나: 아니요, 체육관이 아주 작습니다.

가: 체육관 근처에 무엇이 있습니까?

나: ❺ ________ 과/와 은행이 있습니다.

4과

친구

01 한국말을 배웁니까?

대화 어휘: 저분, 한국말, 배우다, 왔습니다

확장 어휘: 물, 베트남말, 빵, 영어, 음악, 일본말, 중국말, 커피, 프랑스말, 한국말, 가르치다, 기다리다, 듣다, 마시다, 만나다, 먹다, 배우다, 보다, 사다, 쓰다, 읽다, 입다, 지금

문법: 에서 오다

을/를

02 주앙 씨와 같이 게임을 합니다

대화 어휘: 게임, 피시방, 날마다, 하다

확장 어휘: 꽃집, 노래방, 문구점, 백화점, 빵집, 찜질방, 태권도, 피시방, 게임하다, 공부하다, 노래하다, 식사하다, 아르바이트하다, 운동하다, 일하다

문법: 에서

과/와 같이

1. 한국말을 배웁니까?

MP3 / 07

- 에릭 씨는 어느 나라 사람입니까?
- 에릭 씨는 학생입니까?

윤아: 저분이 누구입니까?

유키: 제 친구 에릭 씨입니다. 에릭 씨는 미국에서 왔습니다.

윤아: 에릭 씨도 한국말을 배웁니까?

유키: 네, 에릭 씨도 한국말을 배웁니다.

저분　왔습니다　한국말　배우다

보다

듣다

읽다

쓰다

사다

입다

먹다

마시다

만나다

배우다

가르치다

기다리다

• 보기 와 같이 쓰십시오.

1 ______________________

2 ______________________

3 ______________________

4 ______________________

5 ______________________

6 ______________________

7 ______________________

8 ______________________

9 ______________________

보기

먹습니다.

어휘

한국말

영어

일본말

중국말

프랑스말

베트남말

- 사람들이 어느 나라 말을 합니까? 보기 와 같이 쓰십시오.

1 에서 오다

- 올리비아는 호주에서 왔습니다.
- 존 씨, 미국에서 왔습니까?
- 저는 중국 베이징에서 왔습니다.
- 주앙 씨는 어디에서 왔습니까?

가: 중국에서 왔습니까?
나: 아니요, 저는 일본에서 왔습니다.

가: 레오 씨는 어디에서 왔습니까?
나: 레오 씨는 프랑스 파리에서 왔습니다.

• 보기 와 같이 말하십시오.

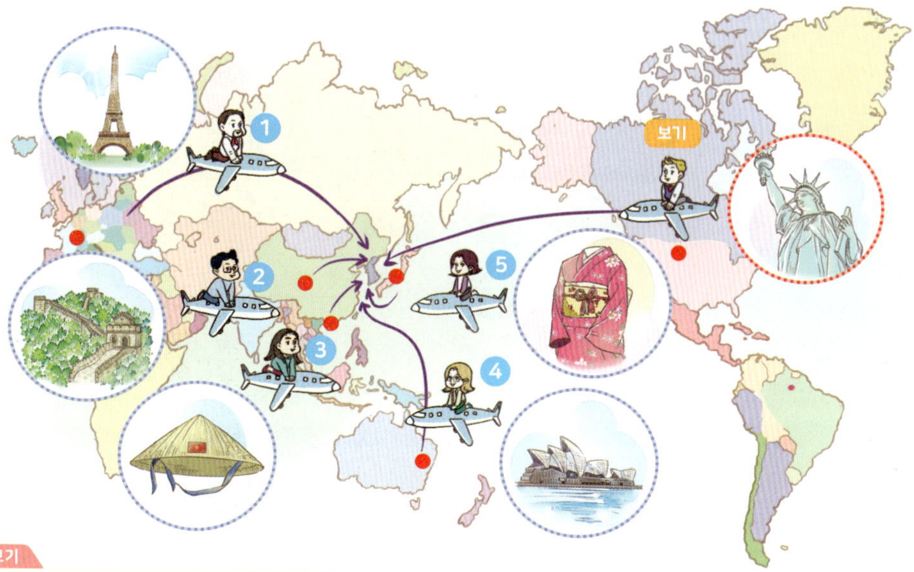

보기

가: 에릭 씨는 어디에서 왔습니까?
나: 에릭 씨는 미국에서 왔습니다.

2 을/를

- 저는 책을 읽습니다.
- 유키 씨가 영화를 봅니까?
- 에릭 씨는 한국말을 배웁니다.
- 누구를 기다립니까?

빵
커피

가: 에릭 씨, 빵을 삽니까?
나: 네, 빵을 삽니다.

가: 존 씨가 무엇을 마십니까?
나: 존 씨가 커피를 마십니다.

- 보기 와 같이 말하십시오.

물

보기	텔레비전	보다
1)	빵	마시다
2)	물	기다리다
3)	책	먹다
4)	친구	만나다
5)	노라 씨	읽다

보기

가: 존 씨가 무엇을 봅니까?
나: 텔레비전을 봅니다.

연습해 봅시다

• 보기 와 같이 말하십시오.

보기

1

2

3

보기

가: 저분이 누구입니까?

나: 제 친구 존 씨입니다. 케냐에서 왔습니다.

가: 존 씨가 지금 무엇을 합니까?

나: 음악을 듣습니다.

지금 음악

2. 주앙 씨와 같이 게임을 합니다

- 여기가 어디입니까?
- 두 사람이 무엇을 합니까?

존: 리타오 씨, 날마다 게임을 합니까?

리타오: 네, 저는 날마다 피시방에서 게임을 합니다.

존: 누구와 같이 게임을 합니까?

리타오: 주앙 씨와 같이 합니다.

날마다 게임 하다 피시방

어휘

꽃집

노래방

찜질방

백화점

빵집

피시방

문구점

• 보기 와 같이 쓰십시오.

어휘

N(을/를) 하다

일(을) 하다

공부(를) 하다

식사(를) 하다

노래(를) 하다

운동(을) 하다

게임(을) 하다

아르바이트(를) 하다

● 보기 와 같이 쓰십시오.

① ______________________

② ______________________

③ ______________________

④ ______________________

⑤ ______________________

⑥ ______________________

보기

에릭 씨가 공부합니다.

1 에서

- 저는 학생식당에서 점심을 먹습니다.
- 누가 도서관에서 공부합니까?
- 리타오 씨는 편의점에서 아르바이트를 합니다.
- 에릭 씨가 어디에서 한국말을 배웁니까?

가: 유키 씨, 백화점에서 가방을 삽니까?
나: 네, 저는 백화점에서 가방을 삽니다.

가: 노라 씨가 어디에서 태권도를 합니까?
나: 노라 씨가 학교 체육관에서 태권도를 합니다.

태권도

- 보기 와 같이 말하십시오.

보기

가: 리타오 씨가 어디에서 운동합니까?
나: 체육관에서 운동합니다.

2 과/와 같이

- 저는 친구와 같이 노래합니다.
- 누가 에릭 씨하고 영화를 봅니까?
- 노라 씨가 선생님과 같이 이야기합니다.
- 윤아 씨가 누구하고 같이 밥을 먹습니까?

가: 친구와 같이 식사를 합니까?

나: 네, 친구와 같이 식사를 합니다.

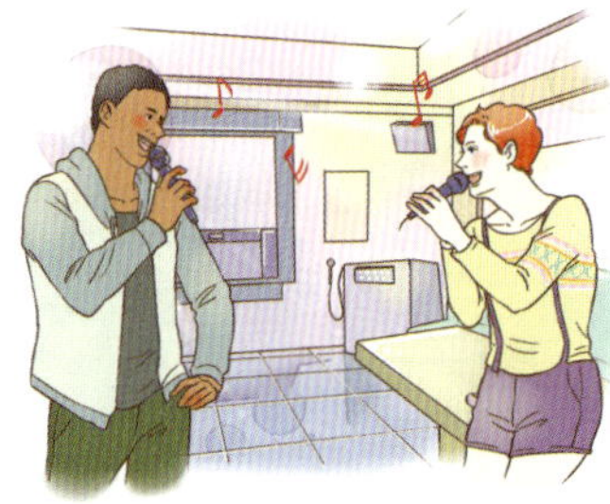

가: 누구하고 같이 노래합니까?

나: 존 씨하고 같이 노래합니다.

- 보기 와 같이 말하십시오.

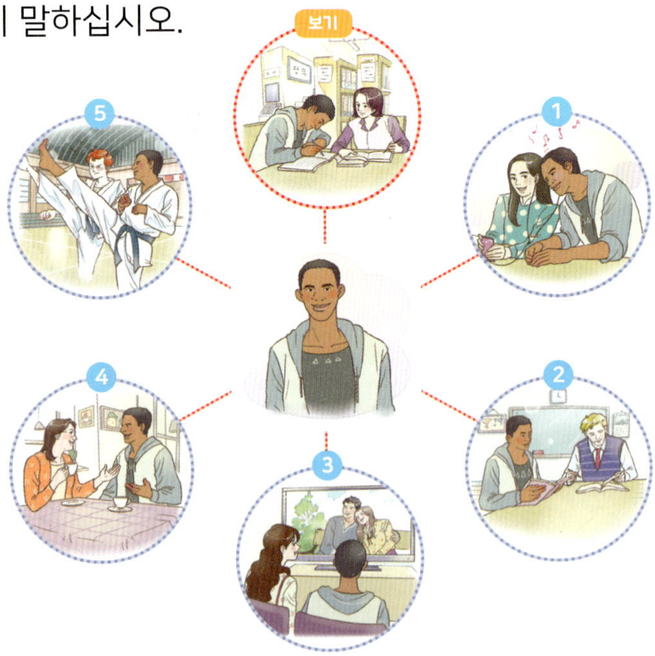

보기

가: 누구와 같이 공부합니까?

나: 유키 씨와 같이 공부합니다.

연습해 봅시다

• 보기 와 같이 말하십시오.

보기

①

②

③

보기

가: 주앙 씨, **어디에서** 노래를 합니까?

나: 저는 **노래방에서** 노래를 합니다.

가: **누구와 같이** 노래합니까?

나: **노라 씨와 같이** 노래합니다.

복습

1 알맞은 단어를 골라 (　　) 안에 쓰십시오.

저분	게임	한국말	피시방	날마다
읽다	하다	배우다	기다리다	왔습니다

가: 리타오 씨, 보기 (저분은)~~은/는~~ 누구입니까?
나: 제 친구 존입니다.
가: 안녕하십니까? 존 씨, 어느 나라에서 왔습니까?
다: 저는 케냐에서 (❶ 　　　　　).
가: 존 씨는 학생입니까?
다: 네, 저는 학생입니다. 한국에서 (❷ 　　　　　)을/를 (❸ 　　　　　)습니다/ㅂ니다.
가: 리타오 씨, 존 씨와 같이 (❹ 　　　　　)을/를 (❺ 　　　　　)습니까/ㅂ니까?
나: 아니요, 주앙 씨와 같이 게임합니다.
가: 어디에서 합니까?
나: 저는 (❻ 　　　　　) (❼ 　　　　　)에서 게임합니다.

2 그림을 보고 대화를 만드십시오.

에서 오다	을/를	에서	과/와 같이

가: 저는 노르웨이에서 왔습니다.
나: 저는 보기 미국**에서 왔습니다.**
가: 에릭 씨는 무엇을 합니까?
나: 회사원입니다. ❶ 한국전자 　　　　 일합니다.
노라 씨, 어디에서 ❷ 태권도 　　　　 합니까?
가: ❸ 체육관 　　　　 태권도를 합니다.
나: 누구와 같이 합니까?
가: ❹ 존 씨 　　　　 합니다.

5과

고향

01 고향에 갑니다

대화 어휘: 고향, 내일, 바다, 수영, 언제, 가다

확장 어휘: 강, 고향, 바다, 산, 집, 호수, 회사, 가족을 만나다, 고향 음식을 먹다, 고향 친구를 만나다, 고향에 가다
· 누구, 무엇, 어디, 언제

문법: 에 가다
-고 싶다

02 하와이는 조용하고 아름답습니다

대화 어휘: 서울, 하와이, 복잡하다, 아름답다

확장 어휘: 경치, 남자, 생선, 생활, 여자, 깨끗하다, 더럽다, 바쁘다, 복잡하다, 아름답다, 예쁘다, 재미없다, 재미있다, 친절하다, 한가하다

문법: -지 않다
-고[1]

1. 고향에 갑니다

MP3 / 09

- 고향이 어디입니까?
- 고향에 무엇이 있습니까?

리타오: 올리비아 씨, 언제 고향에 갑니까?

올리비아: 내일 고향에 갑니다.

리타오: 고향에서 무엇을 하고 싶습니까?

올리비아: 저는 바다에서 수영을 하고 싶습니다.

언제 고향 가다 내일 바다 수영

산

강

호수

바다

고향에 가다

가족을 만나다

고향 친구를
만나다

고향 음식을 먹다

• 보기 와 같이 말하십시오.

보기

1

2

3

4

5

보기

윤아 씨가 가족을 만납니다.

어휘

누구	누가
	누구를
	누구와 같이

무엇	무엇이
	무엇을
	무엇과 같이

어디	어디가
	어디에
	어디에서

언제

- 보기 와 같이 쓰십시오.

가: 보기 누구 입니까?
나: 리타오 씨입니다.
가: 리타오 씨가 ① __________ 에 있습니까?
나: 리타오 씨가 기숙사 방에 있습니다.
가: 리타오 씨가 ② __________ 과/와 같이 있습니까?
나: 리타오 씨가 주앙 씨와 같이 있습니다.
가: 리타오 씨가 ③ __________ 을/를 합니까?
나: 리타오 씨가 음악을 듣습니다.

가: 올리비아 씨, ④ __________ 고향에 갑니까?
나: 내일 고향에 갑니다.
가: 고향이 ⑤ __________ 입니까?
나: 호주 시드니입니다.
가: 고향에 ⑥ __________ 이/가 있습니까?
나: 산과 바다가 있습니다.
가: 고향에 ⑦ __________ 이/가 있습니까?
나: 가족과 고향 친구가 있습니다.
가: 고향 ⑧ __________ 이/가 좋습니까?
나: 오페라하우스 근처가 좋습니다.

1 에 가다

- 저는 학교에 갑니다.
- 존 씨가 노래방에 갑니다.
- 오늘 친구가 집에 옵니까?
- 내일 어디에 갑니까?

가: 집에 갑니까?

나: 네, 집에 갑니다.

가: 어디에 갑니까?

나: 회사에 갑니다.

집
회사

- 보기 와 같이 말하십시오.

보기

가: 에릭 씨가 어디에 갑니까?

나: 우체국에 갑니다.

2 -고 싶다

- 저는 쉬고 싶습니다.
- 저는 책을 읽고 싶습니다.
- 주앙 씨, 영화를 보고 싶습니까?
- 올리비아 씨, 어디에 가고 싶습니까?

가: 흐엉 씨, 자고 싶습니까?

나: 네, 저는 자고 싶습니다.

가: 주앙 씨, 무엇을 마시고 싶습니까?

나: 저는 커피를 마시고 싶습니다.

● 보기 와 같이 말하십시오.

보기

가: 한국에서 무엇을 하고 싶습니까?

나: 한국 가수를 만나고 싶습니다.

연습해 봅시다

- 보기 와 같이 말하십시오.

보기

가: 윤아 씨, 어디에 갑니까?

나: 베이징에 갑니다.

가: 윤아 씨는 베이징에서 무엇을 하고 싶습니까?

나: 저는 중국말을 배우고 싶습니다.

2. 하와이는 조용하고 아름답습니다

MP3 / 10

- 고향이 아름답습니까?
- 고향 사람들이 어떻습니까?

우진: 에릭 씨, 고향이 어디입니까?
에릭: 제 고향은 하와이입니다.
우진: 서울은 복잡합니다. 하와이는 어떻습니까?
에릭: 하와이는 복잡하지 않습니다.
하와이는 조용하고 아름답습니다.

하와이　서울　복잡하다　아름답다

어휘

예쁘다

바쁘다

한가하다

더럽다

깨끗하다

아름답다

복잡하다

친절하다

재미있다

재미없다

• 보기 와 같이 쓰십시오.

고향이 어떻습니까?

보기
고향이 깨끗합니다.

경치가 ______________.

사람들이 ______________.

사람들이 ______________.

고향 생활이 ______________.

고향이 ______________.

고향이 ______________.

사람들이 ______________.

여자들이 ______________.

고향 생활이 ______________.

경치
생활

문법

1 -지 않다

- 저는 바쁘지 않습니다.
- 노라 씨는 친구가 많지 않습니다.
- 동생이 학교에 가지 않습니다.
- 무엇을 하고 싶지 않습니까?

가: 날씨가 춥습니까?

나: 아니요, 춥지 않습니다.

생선

가: 누가 생선을 먹지 않습니까?

나: 흐엉 씨가 생선을 먹지 않습니다.

- 단어를 사용해서 보기 와 같이 말하십시오.

크다	깨끗하다	많다	조용하다	책을 읽다	텔레비전을 보다

보기

가: 방이 큽니까?

나: 아니요, 방이 크지 않습니다.

2 -고[1]

- 집이 크고 깨끗합니다.
- 저는 공부하고 동생은 운동합니다.
- 피시방이 시끄럽고 복잡합니다.
- 유키 씨는 기자이고 에릭 씨는 회사원입니다.

가: 존 씨가 친절합니까?

나: 네, 존 씨가 친절하고 재미있습니다.

가: 이 사람들이 무엇을 합니까?

나: 남자는 자고 여자는 공부합니다.

남자
여자

- 단어를 사용해서 보기 와 같이 쓰십시오.

보기

크다	작다	좋다	예쁘다	더럽다
깨끗하다	친절하다	시끄럽다	커피를 마시다	책을 읽다

보기

가: 여기가 어떻습니까?

나: ___크___ 고 깨끗합니다.

1. 가: 여기가 시끄럽습니까?

   나: 네, ________________ 고 복잡합니다.

2. 가: 여자가 예쁩니까?

   나: 네, ________________ 고 ________________.

3. 가: 꽃이 어떻습니까?

   나: ________________ 고 ________________.

4. 가: 시계가 어떻습니까?

   나: ________________ 고 ________________.

5. 가: 남자와 여자가 무엇을 합니까?

   나: 남자는 ________________ 고 여자는 ________________.

연습해 봅시다

- 단어를 사용해서 보기 와 같이 말하십시오.

보기

작다 | 크다 | 사람이 많다

1

크다 | 작다 | 조용하다

2

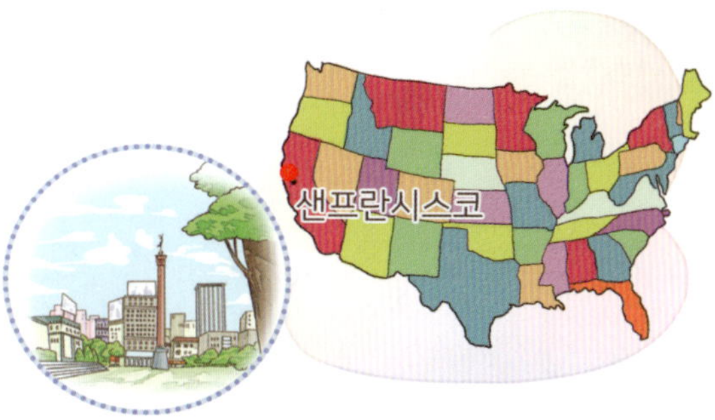

덥다 | 날씨가 좋다 | 깨끗하다

3

복잡하다 | 조용하다 | 아름답다

보기

가: 고향이 어디입니까?

나: 런던입니다.

가: 제 고향은 작습니다. 런던은 어떻습니까?

나: 런던은 **작지 않습니다.**

크고 사람이 많습니다.

복습

1 알맞은 단어를 골라 (   ) 안에 쓰십시오.

산	호수	바다	고향	서울	수영	가다	바쁘다
깨끗하다	친절하다	복잡하다	아름답다				

제 보기 (고향)은/~~는~~ 제주도입니다.
제주도에 ❶ (   )이/가 있습니다.
저는 가족과 같이 ❷ (   )을/를 합니다.
제주도에 ❸ (   )도 있습니다. 한라산입니다.
한라산 위에 ❹ (   )이/가 있습니다.
한라산 경치가 ❺ (   )습니다/ㅂ니다.
저는 지금 ❻ (   )에 있습니다. 서울에 사람이 많습니다.
❼ (   )습니다/ㅂ니다.
제 친구들이 모두 ❽ (   )습니다/ㅂ니다.
저는 편의점에서 아르바이트를 합니다. 학교 숙제도 많습니다.
날마다 ❾ (   )습니다/ㅂ니다.

2 그림을 보고 대화를 만드십시오.

흐엉: 어디에 갑니까?
노라: 저는 보기 도서관에 갑니다. 흐엉 씨는 어디에 갑니까?
흐엉: 저는 ❶ ________ 에 갑니다.
노라: 춘천이 어떻습니까?
흐엉: ❷ ________ 고 ________ 습니다/ㅂ니다.
노라: 춘천에 사람이 많습니까?
흐엉: 아니요, ❸ ________ 지 않습니다.
노라: 춘천에서 무엇을 하고 싶습니까?
흐엉: ❹ ________ 고 싶습니다.

6과

학교생활

01 저는 날마다 아홉 시부터 한 시까지 공부합니다

대화 어휘: 몇, 반, 보통, 시, 아홉, 점심, 하나(한)

확장 어휘: 반, 아침, 영화, 오전, 오후, 저녁, 점심

· 하나(한), 둘(두), 셋(세), 넷(네), 다섯, 여섯, 일곱, 여덟, 아홉, 열, 열하나, 열둘

· 시

문법: 에[1]

부터 까지

02 집에서 숙제를 하십시오

대화 어휘: 교과서, 대화, 번, 30(삼십), 수업, 숙제, 쪽, 알겠습니다

확장 어휘: 고맙다, 닫다, 운전하다, 전화하다, 피곤하다, 복습을 하다, 숙제를 하다, 시험을 보다, 예습을 하다

· 일, 이, 삼, 사, 오, 육, 칠, 팔, 구, 십, 이십, 삼십, 사십, 오십

· 분

문법: -으십시오

-을까요?[1]

1. 저는 날마다 아홉 시부터 한 시까지 공부합니다

MP3 / 11

- 지금 어디에 있습니까?
- 학교에서 무엇을 합니까?

우진: 몇 시부터 몇 시까지 한국말을 공부합니까?
에릭: 저는 날마다 아홉 시부터 한 시까지 공부합니다.
우진: 보통 몇 시에 점심을 먹습니까?
에릭: 한 시 반에 점심을 먹습니다.

몇　시　아홉　하나(한)　보통　반　점심

하나

둘

셋

넷

다섯

여섯

일곱

여덟

아홉

열

열하나

열둘

오전

오후

아홉 시

세 시 반

	▢ 시
하나 + 시 →	한 시
둘 + 시 →	두 시
셋 + 시 →	세 시
넷 + 시 →	네 시

● 보기 와 같이 쓰고 말하십시오.

보기 일곱 시

① ______

② ______

③ ______

④ ______

⑤ ______

⑥ ______

⑦ ______

보기

가: 지금 몇 시입니까?

나: 일곱 시입니다.

1 에[1]

- 에릭 씨가 여덟 시에 회사에 갑니다.
- 저는 주말에 영화를 보고 싶습니다.
- 저는 오전에 한국말을 배웁니다.
- 리타오 씨, 몇 시에 잡니까?

가: 아침에 운동을 합니까?

나: 네, 아침에 운동을 합니다.

가: 몇 시에 영어를 배웁니까?

나: 여덟 시에 영어를 배웁니다.

• 보기 와 같이 말하십시오.

보기

가: 몇 시에 컴퓨터를 합니까?

나: 일곱 시에 컴퓨터를 합니다.

2 부터 까지

- 에릭 씨는 아홉 시부터 여섯 시까지 일합니다.
- 유키 씨는 아침부터 저녁까지 도서관에서 공부합니다.
- 1층부터 5층까지 교실이 있습니다.
- 몇 쪽부터 몇 쪽까지 책을 읽습니까?

영화

여덟 시부터 열 시 반까지 영화를 봅니다.

가: 몇 시부터 몇 시까지 일합니까?

나: 아홉 시부터 다섯 시까지 일합니다.

- 보기 와 같이 말하십시오.

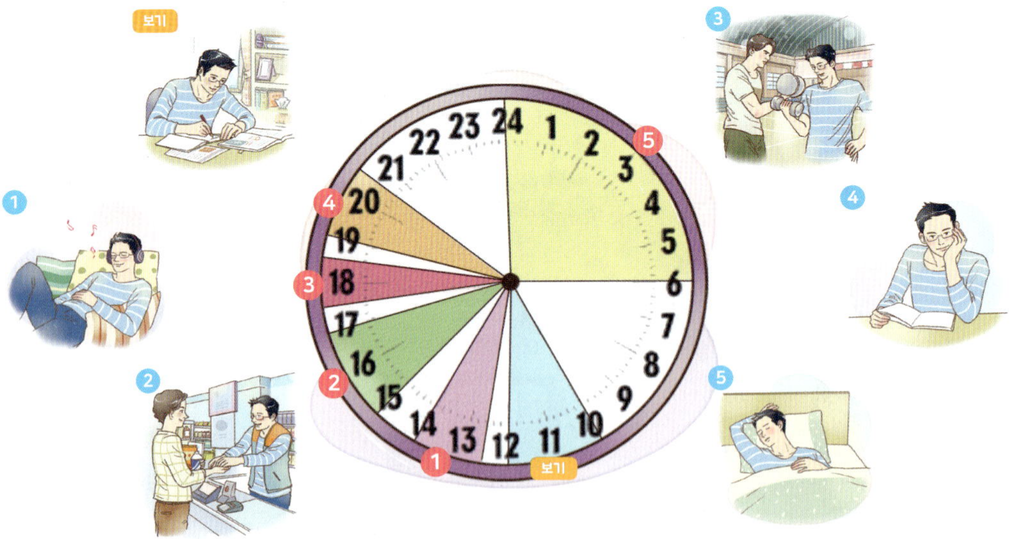

보기

가: 몇 시부터 몇 시까지 한국말을 공부합니까?

나: 열 시부터 열두 시까지 한국말을 공부합니다.

연습해 봅시다

- 보기 와 같이 말하십시오.

보기

1

2

3

보기

가: 노라 씨, 몇 시부터 몇 시까지 운동합니까?

나: 저는 두 시 반부터 네 시까지 운동합니다.

가: 몇 시에 도서관에 갑니까?

나: 다섯 시에 도서관에 갑니다.

MP3 / 12

2. 집에서 숙제를 하십시오

- 학생들이 무엇을 공부합니까?
- 한국말이 어떻습니까?

선생님: 내일은 수업이 없습니다. 집에서 숙제를 하십시오.

유키: 선생님, 숙제가 무엇입니까?

선생님: 교과서 30쪽 대화를 쓰십시오.

유키: 네, 알겠습니다. 몇 번 쓸까요?

수업 숙제 교과서 30(삼십) 쪽 대화 알겠습니다 번

어휘

1	2	3	4	5	6	7	8	9	10	20	30	40	50
일	이	삼	사	오	육	칠	팔	구	십	이십	삼십	사십	오십

아홉 시 이십 분

여덟 시 삼십 오 분

숙제(를) 하다

복습(을) 하다

예습(을) 하다

시험을 보다

● 보기 와 같이 쓰십시오.

보기

저는 일곱 시 삼십오 분에 학교에 갑니다.

1. ______________________________.
2. ______________________________.
3. ______________________________.
4. ______________________________.
5. ______________________________.

문법

1 -으십시오/십시오.

- 쉬십시오.
- 일찍 오십시오.
- 교과서를 읽으십시오.
- 술을 많이 마시지 마십시오.

가: 이것을 드십시오.
나: 고맙습니다.

가: 창문을 닫지 마십시오.
나: 알겠습니다.

먹다 →	잡수십시오 드십시오
마시다 →	드십시오
자다 →	주무십시오
말하다 →	말씀하십시오

고맙다
닫다

• 보기 와 같이 말하십시오.

보기

노라 씨, 아르바이트를 하십시오.

2 -을까요/ㄹ까요?[1]

- 제가 이야기할까요?
- 어디에서 기다릴까요?
- 주말에 노라 씨 집에 갈까요?
- 교과서 몇 쪽을 읽을까요?

피곤하다
운전하다

가: 피곤합니다.
나: 제가 운전할까요?

가: 어디에 이름을 쓸까요?
나: 여기에 이름을 쓰십시오.

- 친구들이 모여서 놉니다. 보기 와 같이 쓰십시오.

보기

가: 존 씨가 오지 않습니다.
나: 제가 전화할까요?

전화하다

1. 가: 빵이 하나 있습니다.
   나: ____________________?
2. 가: 저는 커피를 마시지 않습니다.
   나: ____________________?
3. 가: 내일 집에 있습니다.
   나: ____________________?
4. 가: 춥습니다.
   나: ____________________?
5. 가: 제가 ____________________?
   나: 네, 감사합니다.

연습해 봅시다

● 보기 와 같이 말하십시오.

교과서를 사다	이름을 쓰다	시험을 보다	예습하다

보기

가: 교과서를 사십시오.

나: 어디에서 살까요?

가: 서점에서 사십시오.

나: 네, 알겠습니다.

복습

1 쓰십시오.

보기

1:20 → 한 시 이십 분

1. 2:35 → ____________________
2. 4:38 → ____________________
3. PM 7:40 → ____________________
4. AM 11:16 → ____________________
5. 10쪽 → ____________________
6. 63쪽 → ____________________

2 그림을 보고 알맞은 단어를 골라서 (   ) 안에 쓰십시오.

몇	시	아홉	하나(한)	반	숙제	보통
점심	번	30(삼십)	대화	수업	알겠습니다	

가: 보기 (몇) ❶ ( )입니까?

나: ❷ ( ) 시 ❸ ( )입니다.

가: ❹ ( ) 이 시간에 무엇을 합니까?

나: ❺ ( )을/를 합니다.

가: 숙제가 많습니까?

나: 네, 숙제가 많습니다. 교과서 28쪽 ❻ ( )을/를 ❼세 ( ) 씁니다.

가: 숙제를 하고 무엇을 합니까?

나: 친구하고 같이 ❽ ( )을/를 먹습니다.

가: 내일 바쁩니까?

나: 아니요, 바쁘지 않습니다. ❾ ( )이/가 없습니다.

가: 제가 내일 유키 씨 집 앞에 갈까요?

나: 네, ❿ ( ) 시에 우리 집 앞에 오십시오.

가: 네, ⓫ ( ).

3 그림을 보고 대화를 만드십시오.

윤아: 유키 씨, 몇 시에 학교에 갑니까?

유키: 보기 여덟 시 삼십 분에 학교에 갑니다.

윤아: 학교에서 몇 시부터 몇 시까지 한국말을 배웁니까?

유키: ❶ ______________________.

윤아: 오후에 시간이 있습니까? 저는 유키 씨하고 같이 이야기하고 싶습니다.

유키: 네, 일곱 시에 시간이 있습니다.

윤아: 제가 기숙사 1층 빵집에서 ❷ ______________ 을까요/ㄹ까요?

유키: 네, 그 빵집에서 ❸ ______________ 으십시오/십시오.

7과

음식

01 무슨 음식을 좋아합니까?

대화 어휘: 불고기, 만들다, 맛있다, 맵다, 좋아하다, 무슨, 그럼

확장 어휘: 과일, 녹차, 딸기, 맛, 불고기, 비빔밥, 사과, 삼계탕, 샌드위치, 서양, 액션영화, 우동, 유자차, 음식, 자장면, 짬뽕, 차, 초밥, 코미디영화, 피자, 맛없다, 맛있다

· 길다, 놀다, 달다, 만들다, 멀다, 살다, 알다, 열다

문법: 무슨

ㄹ동사

02 무엇을 시킬까요?

대화 어휘: 그릇, 삼겹살, 인분, 시키다, 주다, 여기요, 배가 고프다

확장 어휘: 같이, 김밥, 맥주, 앉다

· 개, 그릇, 마리, 병, 인분, 잔, 줄, 판

문법: -을까요?[2]

-읍시다

1. 무슨 음식을 좋아합니까?

MP3 / 13

- 어느 나라 음식을 좋아합니까?
- 무슨 음식을 자주 먹습니까?

윤아: 흐엉 씨, 무슨 음식을 좋아합니까?
흐엉: 저는 불고기를 좋아합니다.
불고기가 맵지 않고 아주 맛있습니다.
윤아: 그럼 제가 불고기를 만들까요?
흐엉: 네, 좋습니다.

무슨 좋아하다 불고기 맵다 맛있다 그럼 만들다

어휘

음식

냉면

불고기

비빔밥

삼계탕

우동

초밥

짬뽕

자장면

피자

샌드위치

과일

딸기

사과

차

녹차

유자차

맛

맛있다

맛없다

● 보기 와 같이 쓰십시오.

보기 비빔밥	4	6	8	10	12
1	5	7	9	11	13
2					
3					

1 무슨

- 무슨 책을 읽을까요?
- 무슨 운동을 좋아합니까?
- 무슨 음식이 맛있습니까?
- 무슨 차를 마시고 싶습니까?

가: 무슨 음식을 먹고 싶습니까?
나: 비빔밥을 먹고 싶습니다.

가: 무슨 운동이 재미있습니까?
나: 태권도가 재미있습니다.

- 보기 와 같이 말하십시오.

액션 영화
코미디 영화

보기

가: 무슨 차를 좋아합니까?
나: 녹차를 좋아합니다.

2 ㄹ동사

- 하늘 씨는 서울에서 삽니다.
- 저는 삼계탕을 만들고 싶습니다.
- 음식이 조금 답니다.
- 윤아 씨 전화번호를 압니까?

가: 이 음식이 답니까?
나: 아니요, 달지 않습니다. 맵습니다.

가: 아주 덥습니다.
나: 그럼 창문을 여십시오.

- 표를 완성하십시오.

	-습니다/ㅂ니다	-습니까?/ㅂ니까?	-지 않습니다	-고 싶습니다	-으십시오/십시오
달다	답니다				
멀다		멉니까?			
길다			길지 않습니다		
놀다				놀고 싶습니다	
살다					사십시오
알다			*모릅니다		
열다					
만들다					

달다
멀다
길다
놀다
살다
알다
열다

문법

● 보기 와 같이 쓰고 말하십시오.

보기 영어를 알다　　① 창문을 열다　　② 삼계탕을 만들다

③ 삼계탕이 달다　　④ 기숙사에 살다　　⑤ 학교에서 멀다

보기

가: 유키 씨가 영어를 압니까?

나: 네, 유키 씨가 영어를 압니다.

1. 가: 존 씨가 창문을 엽니까?

   나: 네, ______________ 습니다/ㅂ니다.

2. 가: 레오 씨가 ______________ 습니까/ㅂ니까?

   나: 네, 삼계탕을 만듭니다.

3. 가: 삼계탕이 답니까?

   나: 아니요, ______________ 지 않습니다.

4. 가: 레오 씨가 ______________ 습니까/ㅂ니까?

   나: 아니요, 기숙사에 살지 않습니다.

5. 가: 레오 씨 집이 ______________ 습니까/ㅂ니까?

   나: 아니요, ______________ 지 않습니다.

연습해 봅시다

• 보기 와 같이 말하십시오.

보기

1

2

3

보기

가: 한국 음식을 좋아합니까?

나: 네, 좋아합니다.

가: 무슨 음식을 좋아합니까?

나: 비빔밥을 좋아합니다. 아주 맛있습니다.

서양

MP3 / 14

2. 무엇을 시킬까요?

- 어디에서 점심을 먹습니까?
- 무슨 음식을 시킵니까?

에릭: 배가 고픕니다. 우리 무엇을 시킬까요?

윤아: 이 식당은 삼겹살과 냉면이 맛있습니다.

에릭: 그럼 삼겹살과 냉면을 시킵시다.

윤아: 좋습니다. 여기요, 삼겹살 이 인분하고 냉면 두 그릇 주십시오.

배가 고프다　시키다　삼겹살　여기요　인분　그릇　주다

샌드위치 네 **개**

피자 한 **판**

커피 여덟 **잔**

김밥 여섯 **줄**

맥주 일곱 **병**

비빔밥 세 **그릇**

치킨 두 **마리**

삼겹살 오 **인분**

김밥
맥주

- 보기 와 같이 쓰고 말하십시오.

보기

여기요, 삼겹살 **팔** **인분** 주십시오.

1. 여기요, 비빔밥 ______ ______ 주십시오.
2. 여기요, 피자 ______ ______ 주십시오.
3. 여기요, 김밥 ______ ______ 주십시오.
4~5. 여기요, 치킨 ______ ______ 하고 맥주 ______ ______ 주십시오.
6~7. 여기요, 커피 ______ ______ 하고 샌드위치 ______ ______ 주십시오.

문법

1 -을까요/ㄹ까요?²

- 커피를 마실까요?
- 우리 어디에 갈까요?
- 같이 점심을 먹을까요?
- 무슨 영화를 볼까요?

같이
앉다

가: 배가 고픕니다.
나: 그럼 같이 식당에 갈까요?

가: 우리 여기에 앉을까요?
나: 네, 좋습니다.

• 보기 와 같이 말하십시오.

보기

가: 영화를 보고 싶습니다.
나: 같이 영화를 볼까요?

2 -읍시다/ㅂ시다

- 택시를 탑시다.
- 같이 저녁을 먹읍시다.
- 다섯 시에 만납시다.
- 그 식당에 가지 맙시다.

가: 우리 같이 공부할까요?
나: 네, 같이 공부합시다.

가: 맥주를 마실까요?
나: 아니요, 맥주를 마시지 맙시다.

● 보기 와 같이 말하십시오.

보기

1

2

3

4

5

보기

가: 초밥을 먹을까요?
나: 네, 초밥을 먹읍시다.

연습해 봅시다

- 보기 와 같이 말하십시오.

불고기 20,000원

삼겹살 15,000원 (200g)

비빔밥 12,000원

냉면 8,000원

삼계탕 20,000원

커피 6,000원

녹차 6,000원

맥주 4,000원

보기

가: 무엇을 시킬까요?

나: 이 식당은 불고기와 냉면이 맛있습니다.

가: 그럼 불고기와 냉면을 시킵시다.

나: 네, 좋습니다. 여기요, 불고기 2 인분하고 냉면 2 그릇 주십시오.

복습

1 연결하십시오.

보기 냉면		잔
1) 커피		개
2) 맥주		병
3) 삼겹살		인분
4) 샌드위치		그릇

2 알맞은 단어를 골라서 쓰십시오.

무슨 불고기 우동 맛있다 주다 맵다 만들다 시키다
좋아하다 그럼 여기요 배가 고프다

1) 우진: 보기 (배가 고픕니다)~~습니다/ㅂ니다~~. 우리 식당에 갈까요?
에릭: 네, 같이 갑시다.
우진: 에릭 씨, 한국 음식을 ❶ (   )습니까/ㅂ니까?
에릭: 네, 한국 음식을 아주 좋아합니다.
우진: ❷ (   ) 음식이 맛있습니까?
에릭: ❸ (   )이/가 맛있습니다.

2) 노라: 윤아 씨, 무엇을 먹고 싶습니까?
윤아: 저는 삼계탕을 먹고 싶습니다. 이 식당은 삼계탕이 맛있습니다.
노라: 삼계탕이 맵습니까?
윤아: 아니요, 맵지 않습니다.
노라: ❹ (   ) 삼계탕을 ❺ (   )읍시다/ㅂ시다.
윤아: 네, 좋습니다. ❻ (   ), 삼계탕 두 그릇 ❼ (   )으십시오/십시오.

3) 존: 무엇을 합니까?
하늘: 김밥을 ❽ (   )습니다/ㅂ니다.
존: 이것은 무슨 김밥입니까?
하늘: 김치 김밥입니다. 김치 김밥이 아주 ❾ (   )습니다/ㅂ니다.

3 대화를 만드십시오.

유키: 보기 무슨 노래를 좋아합니까?
흐엉: 한국 노래를 좋아합니다.
유키: 그럼 오후에 노래방에 ❶ ______을까요/ㄹ까요? (가다)
흐엉: 노래방이 ❷ ______습니까/ㅂ니까? (멀다)
유키: 아니요, ❸ ______지 않습니다. 학교 근처에 있습니다. (멀다)
흐엉: 그럼 노래방에 ❹ ______읍시다/ㅂ시다. (가다)

8과

하루 생활

01 오늘이 무슨 요일이에요?

대화 어휘: 오늘, 요일, 토요일

확장 어휘: 며칠, 생일, 크리스마스

· 월요일, 화요일, 수요일, 목요일, 금요일, 토요일, 일요일

· 월, 일

문법: 이에요

-어요

02 저녁을 먹고 무엇을 해요?

대화 어휘: 산책, 저녁, 샤워하다, 그리고, 먼저, 뭘

확장 어휘: 끝나다, 샤워하다, 세수하다, 일어나다, 자다, 길을 묻다, 아침을 먹다, 이를 닦다, 저녁을 먹다, 점심을 먹다, 컴퓨터를 하다

· 걷다, 듣다, 묻다, 싣다

· 닫다, 받다

문법: -고[2]

ㄷ동사

MP3 / 15

1. 오늘이 무슨 요일이에요?

- 오늘이 무슨 요일입니까?
- 무슨 요일을 좋아합니까?

유키: 오늘이 무슨 요일이에요?

윤아: 토요일이에요.

유키: 오늘도 학교에 가요?

윤아: 아니요, 오늘은 학교에 가지 않아요.

오늘 요일 토요일

월					
1월	2월	3월	4월	5월	6월
일월	이월	삼월	사월	오월	유월
7월	8월	9월	10월	11월	12월
칠월	팔월	구월	시월	십일월	십이월

10월						
일요일	월요일	화요일	수요일	목요일	금요일	토요일
	1 일 일	2 이 일	3 삼 일	4 사 일	5 오 일	6 육 일
7 칠 일	8 팔 일	9 구 일	10 십 일	11 십일 일	12 십이 일	13 십삼 일
14 십사 일	15 십오 일	16 십육 일	17 십칠 일	18 십팔 일	19 십구 일	20 이십 일
21 이십일 일	22 이십이 일	23 이십삼 일	24 이십사 일	25 이십오 일	26 이십육 일	27 이십칠 일
28 이십팔 일	29 이십구 일	30 삼십 일	31 삼십일 일			

*16일 [심뉴길]

*26일 [이심뉴길]

● 보기 와 같이 말하십시오.

12월						
일	월	화	수	목	금	토
				1	2	3
4	5	6	7 오늘	8 내일	9	10 친구 생일
11	12	13	14	15	16	17
18	19 동생 생일	20	21	22 시험	23	24
25 크리스마스	26	27	28	29	30	31

보기

가: 오늘이 몇 월 며칠입니까?

나: 십이월 칠 일입니다.

가: 무슨 요일입니까?

나: 수요일입니다.

1. 내일
2. 친구 생일
3. 동생 생일
4. 시험
5. 크리스마스

며칠
생일
크리스마스

문법

1 이에요/예요

- 저는 회사원이에요.
- 저 사람은 올리비아 씨가 아니에요.
- 여기는 우리 학교예요.
- 오늘이 무슨 요일이에요?

가: 마이클 씨, 학생이에요?
나: 아니요, 저는 학생이 아니에요.
회사원이에요.

가: 생일이 언제예요?
나: 2월 19일이에요.

- 보기 와 같이 쓰고 말하십시오.

보기

가: 여기가 어디예요?
나: 제주도예요.

① 

가: 오늘이 무슨 요일이에요?
나: ______________________.

② 

가: 이 사람이 누구예요?
나: ______________________.

③ 

가: 이것이 뭐예요?
나: ______________________.

④ 

가: 이것이 뭐예요?
나: ______________________.

⑤ 

가: 이것이 무슨 음식이에요?
나: ______________________.

2 -어요/아요/여요

- 이 영화가 재미있어요.
- 제 고향에 눈이 많이 와요.
- 주말에 회사에 가지 않아요.
- 우진 씨는 무슨 음식을 좋아해요?

가: 교실에 책상이 많아요?
나: 네, 책상이 많아요.

가: 어디에서 운동해요?
나: 저는 체육관에서 운동해요.

-아요	ㅏ	작다	작 + 아요 → **작아요**	이 가방이 좀 **작아요**.
		사다	사 + 아요 → 사아요 → **사요**	저는 과일을 **사요**.
	ㅗ	좋다	좋 + 아요 → **좋아요**	오늘 날씨가 **좋아요**?
		보다	보 + 아요 → 보아요 → **봐요**	텔레비전을 **봐요**.
	ㅡ	바쁘다	바쁘 + 아요 → 바쁘아요 → **바빠요**	선생님이 **바빠요**.
-어요	ㅓ	먹다	먹 + 어요 → **먹어요**	날마다 사과를 **먹어요**.
		서다	서 + 어요 → 서어요 → **서요**	버스가 **서요**.
	ㅜ	웃다	웃 + 어요 → **웃어요**	윤아 씨는 잘 **웃어요**.
		배우다	배우 + 어요 → 배우어요 → **배워요**	한국말을 **배워요**.
	ㅣ	있다	있 + 어요 → **있어요**	한국 친구가 **있어요**?
		마시다	마시 + 어요 → 마시어요 → **마셔요**	커피를 **마셔요**.
	ㅡ	만들다	만들 + 어요 → **만들어요**	무엇을 **만들어요**?
		크다	크 + 어요 → 크어요 → **커요**	우리 교실이 **커요**.
-여요	하	일하다	일하 + 여요 → 일하여요 → **일해요**	어디에서 **일해요**?

문법

• 보기 와 같이 쓰고 말하십시오.

보기

가: 레오 씨가 무엇을 해요?

나: 친구와 놀아요.

1. 가: 유키 씨가 무엇을 해요?
   나: ______________________.
2. 가: 존 씨가 무엇을 해요?
   나: ______________________.
3. 가: 올리비아 씨가 무엇을 해요?
   나: ______________________.
4. 가: 날씨가 어때요?
   나: ______________________.
5. 가: 사람이 많아요?
   나: ______________________.

연습해 봅시다

- 보기 와 같이 말하십시오.

보기

1

2

3

보기

가: 오늘이 몇 월 며칠이에요?

나: 구월 십이 일이에요.

가: 무슨 요일이에요?

나: 수요일이에요.

가: 오늘 무엇을 해요?

나: 고향에 가요.

MP3 / 16

2. 저녁을 먹고 무엇을 해요?

- 리타오 씨가 무엇을 합니까?
- 여러분은 오늘 무엇을 합니까?

보기

올리비아: 리타오 씨는 저녁을 먹고 무엇을 해요?

리타오: 저는 산책을 해요.

올리비아: 산책을 하고 뭘 해요?

리타오: 먼저 샤워해요. 그리고 음악을 들어요.

저녁　산책　뭘　먼저　샤워하다　그리고

어휘

일어나다

이를 닦다

세수하다

컴퓨터를 하다

샤워하다

자다

아침을/점심을/저녁을 먹다

• 보기 와 같이 쓰십시오.

보기

일어나요~~어요/아요/여요~~

1. ______________________ 어요/아요/여요.
2. ______________________ 어요/아요/여요.
3. ______________________ 어요/아요/여요.
4. ______________________ 어요/아요/여요.
5. ______________________ 어요/아요/여요.
6. ______________________ 어요/아요/여요.

문법

1 -고2

- 저는 숙제하고 놀아요.
- 영화를 보고 저녁을 먹읍시다.
- 밥을 먹고 커피를 마실까요?
- 이를 닦고 세수해요? 세수하고 이를 닦아요?

가: 먼저 영화를 보고 차를 마실까요?
나: 네, 영화를 보고 차를 마십시다.

가: 아침을 먹고 무엇을 해요?
나: 학교에 가요.

● 보기 와 같이 말하십시오.

끝나다

보기

가: 수업이 끝나고 무엇을 해요?
나: 수업이 끝나고 점심을 먹어요.

2 ㄷ동사

- 길 좀 물읍시다.
- 이 가방을 차에 실을까요?
- 우리 같이 걸을까요?
- 저는 날마다 음악을 들어요.

가: 우리 좀 걸을까요?
나: 네, 같이 걸읍시다.

가: 무슨 노래를 들어요?
나: 한국 노래를 들어요.

- 표를 완성하십시오.

	-습니다/ㅂ니다	-어요/아요/여요	-을까요/ㄹ까요?	-으십시오/십시오	-읍시다/ㅂ시다
걷다	걷습니다		걸을까요?		
듣다		들어요			들읍시다
묻다				물으십시오	
싣다		실어요			
*닫다		닫아요			
*받다				받으십시오	

- 보기 와 같이 말하십시오.

보기

가: 유키 씨가 무엇을 해요?
나: 유키 씨가 길을 물어요.

길을 묻다

연습해 봅시다

• 보기 와 같이 말하십시오.

수업이 끝나다	일이 끝나다	운동하다
샤워하다	세수하다	이를 닦다
아침을 먹다	점심을 먹다	저녁을 먹다
숙제를 하다	책을 읽다	텔레비전을 보다
음악을 듣다	컴퓨터를 하다	아르바이트하다

보기

가: 리타오 씨, **수업이 끝나고** 무엇을 해요?

나: 저는 **수업이 끝나고** 점심을 먹어요.

가: **점심을 먹고** 무엇을 해요?

나: **점심을 먹고** 숙제를 해요.

복습

1 알맞은 단어를 골라 (   ) 안에 쓰십시오.

오늘 요일 먼저 토요일 수요일 그리고
샤워하다 산책 저녁 뭘 일어나다 컴퓨터

가: 보기 (오늘이)~~이/가~~ 무슨 ❶ (   )이에요/예요?

나: 금요일이에요.

가: 오늘 ❷ (   ) 해요?

나: 식당에서 친구와 같이 ❸ (   )을/를 먹어요. 에릭 씨는요?

가: ❹ (   ) 회사에서 일해요. ❺ (   ) 공원에서 ❻ (   ) 을/를 해요.

나: ❼ (   )에는 무엇을 해요?

가: 내일은 등산해요. 윤아 씨, 우리 같이 등산할까요?

나: 좋아요. 등산하고 점심을 먹읍시다.

2 그림을 보고 대화를 만드십시오.

복습

가: 오늘 수업이 끝나고 무엇을 해요?

나: 수업이 끝나고 한국 친구를 보기 만나요~~어요/아요/여요~~. 존 씨는요?

가: 저는 ❶ ______고 숙제해요.

나: 오늘이 유월 며칠이에요?

가: ❷ ______이에요/예요.

나: 내일이 올리비아 씨 생일이에요.

가: 그래요? 그럼 무엇을 살까요?

나: 올리비아 씨는 음악을 자주 ❸ ______어요/아요/여요.

한국 노래 CD를 삽시다.

9과
주말

01 축구를 하러 운동장에 가요

대화 어휘: 운동장, 주말, 축구, 힘들다, 자주, 좀

확장 어휘: 골프, 골프장, 농구, 농구장, 서핑, 수영, 수영장, 스노보드, 스케이트, 스케이트장, 스키, 스키장, 요가, 운동장, 지하철, 축구, 탁구, 탁구장, 테니스, 테니스장, 비싸다, 빌리다, 빠르다, 잘하다, 치다, 타다

문법: -으러
-지만

02 주말에 뭘 할 거예요?

대화 어휘: 등산하다, 청소하다, 너무

확장 어휘: 김치, 아이, 한식, 데이트하다, 등산하다, 빨래하다, 쇼핑하다, 여행하다, 청소하다, 너무, 많이, 아주, 조금, 좀

· 귀엽다, 더럽다, 덥다, 돕다, 맵다, 반갑다, 쉽다, 시끄럽다, 아름답다, 어렵다, 춥다

· 입다, 좁다

문법: -을 거예요
ㅂ동사

MP3 / 17

1. 축구를 하러 운동장에 가요

- 주말에 어디에 갑니까?
- 주말에 무엇을 합니까?

노라: 주앙 씨, 주말에 보통 무엇을 해요?

주앙: 저는 축구를 하러 운동장에 자주 가요.

노라: 주앙 씨는 축구가 재미있어요?

주앙: 네, 좀 힘들지만 재미있어요.

주말 축구 운동장 자주 좀 힘들다

어휘

을/를 하다

축구

농구

요가

서핑

수영

을/를 치다

골프

탁구

테니스

을/를 타다

스키

스케이트

스노보드

운동

______장

운동장	농구장	수영장	골프장
탁구장	테니스장	스케이트장	스키장

어휘

보기 와 같이 쓰고 말하십시오.

보기 탁구장에서 탁구를 쳐요.

1 

2 

3 

4 

5 

6 

7 

8 

9 

1 -으러/러

- 저는 친구를 만나러 가요.
- 무엇을 하러 학교에 와요?
- 점심을 먹으러 학생식당에 갈까요?
- 옷을 사러 어디에 가요?

가: 영화를 보러 갈까요?
나: 네, 영화를 보러 갑시다.

가: 무엇을 하러 도서관에 가요?
나: 책을 빌리러 도서관에 가요.

빌리다

● 보기 와 같이 말하십시오.

보기

리타오: 존 씨, 어디에 가요?

존: 저는 윤아 씨를 만나러 학교 앞에 가요.

2 -지만

- 집이 예쁘지만 너무 좁아요.
- 가방을 사고 싶지만 돈이 없어요.
- 한국말 공부가 어렵지만 재미있어요.
- 저는 김밥은 좋아하지만 냉면은 좋아하지 않아요.

비싸다

가: 방이 깨끗합니까?
나: 네, 방이 깨끗하지만 좀 작습니다.

가: 갈비가 어떻습니까?
나: 맛있지만 비쌉니다.

- 보기 와 같이 말하십시오.

보기 빠르다/복잡하다

① 멀다/자주 가다

② 예쁘다/비싸다

③ 돈이 많다/
가방을 사지 않다

④ 미국 사람이다/
한국말을 잘하다

⑤ 맵다/맛있다

보기

가: 지하철이 빠릅니까?
나: 네, 지하철이 빠르지만 복잡합니다.

지하철
빠르다
잘하다

연습해 봅시다

- 단어를 사용해서 보기 와 같이 말하십시오.

보기

1

2

3

좋다	나쁘다	크다	작다	많다
적다	멀다	더럽다	비싸다	깨끗하다
조용하다	시끄럽다	재미있다	재미없다	복잡하다

보기

노라: 주말에 뭘 해요?

주앙: 수영하러 수영장에 가요.

노라: 그 수영장이 어때요?

주앙: 작지만 깨끗해요.

2. 주말에 뭘 할 거예요?

MP3 / 18

- 노라 씨가 주말에 무엇을 합니까?
- 여러분은 주말에 무엇을 합니까?

보기

주앙: 주말에 뭘 할 거예요?
노라: 청소할 거예요. 방이 너무 더러워요. 주앙 씨는요?
주앙: 저는 존 씨와 같이 등산하러 갈 거예요.
노라: 저도 같이 가고 싶어요.

청소하다　　너무　　등산하다

어휘

여행하다

등산하다

청소하다

빨래하다

쇼핑하다

데이트하다

- 주말에 무엇을 합니까? 보기 와 같이 말하십시오.

보기

1

2

3

4

5

보기

가: 주말에 뭘 해요?

나: 여행해요.

좀/조금 덥습니다.

아주 덥습니다.

너무 덥습니다.

조금 먹습니다.

많이 먹습니다.

- 보기 와 같이 쓰십시오.

보기

1

2

3

4

아이

보기

가방이 아주 큽니다.

1. 가방이 ________ 큽니다.
2. 가방이 ________ 큽니다.
3. 아이가 물을 ________ 마십니다.
4. 아이가 물을 ________ 마십니다.

1 -을/ㄹ 거예요

- 저는 주말에 제주도에 갈 거예요.
- 어디에서 저녁을 먹을 거예요?
- 저는 내일 친구들하고 놀 거예요.
- 대학교에서 무엇을 공부할 거예요?

가: 유키 씨, 저녁에 한식을 먹을 거예요?
나: 네, 한식을 먹을 거예요.

가: 리타오 씨, 내일 몇 시에 일어날 거예요?
나: 일곱 시에 일어날 거예요.

한식

- 리타오 씨의 친구들은 모두 계획이 있습니다. 보기 와 같이 말하십시오.

보기

리타오: 노라 씨, 내일 뭘 할 거예요?
노라: 저는 친구를 만날 거예요.

2 ㅂ동사

- 날씨가 더워요.
- 제가 친구를 도와요.
- 교실 밖이 시끄러워요.
- 고향이 아름다워요?

김치

가: 김치가 매워요?
나: 네, 김치가 매워요.

가: 날씨가 어때요?
나: 아주 추워요.

- 표를 완성하십시오.

	-습니다/ㅂ니다	-어요/아요/여요	-지 않아요
덥다	덥습니다		
춥다		추워요	
쉽다			
어렵다			어렵지 않아요
맵다			
반갑다			
더럽다			
귀엽다			
시끄럽다	시끄럽습니다		
아름답다			
돕다			
*입다		입어요	
*좁다			

쉽다
어렵다
반갑다
귀엽다
돕다
좁다

- 보기 와 같이 말하십시오.

보기

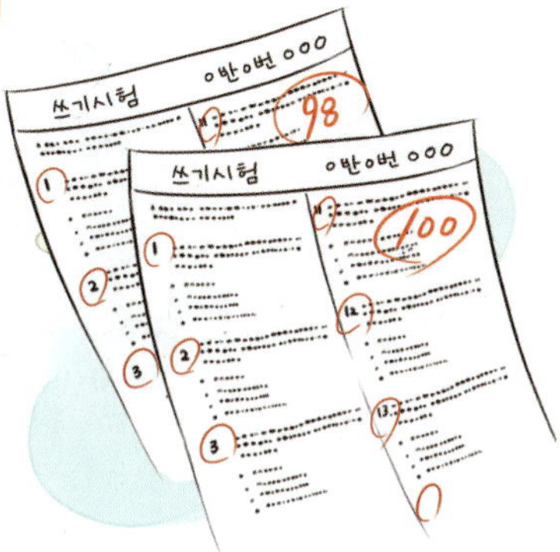

1

2

3

4

5

보기

가: 한국말이 쉬워요?

나: 네, 한국말이 쉬워요.

연습해 봅시다

● 보기 와 같이 말하십시오.

보기

에릭

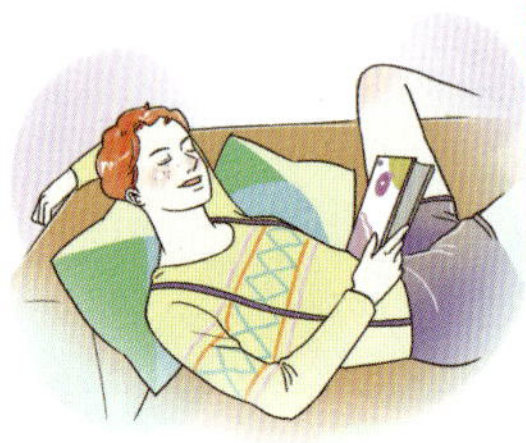

노라

1

유키

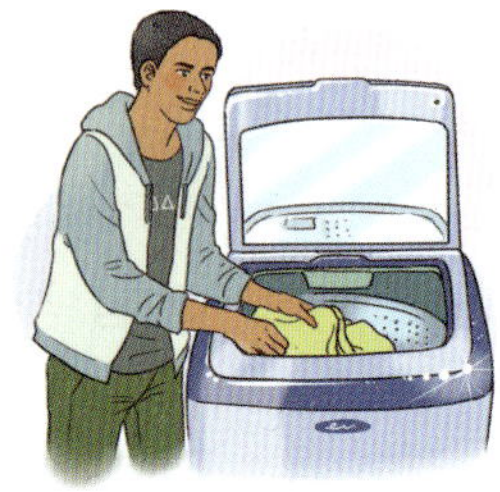

존

2

올리비아

최주앙

3

정하늘

리타오

보기

노라: 에릭 씨, 주말에 뭘 **할 거예요?**

에릭: 저는 테니스를 **칠 거예요.** 노라 씨는요?

노라: 저는 집에 **있을 거예요.**

복습

1 알맞은 단어를 골라서 (　　) 안에 쓰십시오.

좀	너무	주말	축구	자주	운동장
힘들다	청소하다	쇼핑하다	등산하다	데이트하다	

저는 월요일부터 금요일까지 보기 (너무) 바쁩니다.

❶ (　　　　　)에는 바쁘지 않습니다.

토요일에 ❷ (　　　　　　　　　　　　　　)습니다/ㅂ니다.

청소가 ❸ (　　　　　) 힘듭니다.

일요일에는 남자 친구를 만납니다.

남자 친구와 명동에서 ❹ (　　　　　　　　　　　　　　)습니다/ㅂ니다.

우리는 백화점에서 ❺ (　　　　　)고 점심을 먹습니다.

남자 친구는 운동을 좋아합니다.

날마다 ❻ (　　　　　)을/를 하러 ❼ (　　　　　)에 갑니다.

남자 친구는 등산도 좋아합니다.

우리는 ❽ (　　　　　　　　　　　　　　)으러/러 산에 ❾ (　　　　　) 갑니다.

등산이 ❿ (　　　　　　　　　　　　　　)지만 재미있습니다.

복습

2 그림을 보고 대화를 만드십시오.

가: 수업이 끝나고 보통 뭘 해요?

나: 보기 점심을 먹으러~~으러/러~~ 학생식당에 가요.

가: 점심을 먹고 뭘 해요?

나: ① ____________으러/러 ____________에 가요.

가: 편의점 아르바이트가 힘들어요?

나: 네, ② ____________지만 ____________어요/아요/여요.

가: 그래요? 주말에도 일해요?

나: 아니요, 주말에는 일하지 않아요.

가: 그럼 ③ ____________을/ㄹ 거예요?

나: 등산할 거예요.

가: 옷을 많이 입고 가세요. 날씨가 ④ ____________어요/아요/여요.

10과

지난 일

01 어제 뭘 했어요?

대화 어휘: 공원, 어제, 쉬다

확장 어휘: 그제, 금년, 내년, 내일, 다음, 달, 모레, 어제, 오늘
올해, 이번, 작년, 주, 지난달, 지난주

문법: -었어요
안

02 콘서트를 보지 못했어요

대화 어휘: 콘서트, 표, 예매하다, 왜, 일찍, 시간이 없다

확장 어휘: 기차표, 병원, 비행기 표, 식당, 영화표, 옷, 늦다,
아프다, 콘서트 표, 호텔, 예매하다, 예약하다
· 늦게, 빨리, 일찍, 천천히

문법: -지 못하다
-어서[1]

1. 어제 뭘 했어요?

MP3 / 19

- 여기가 어디입니까?
- 노라 씨가 무엇을 합니까?

유키: 노라 씨, 어제 수업이 끝나고 뭘 했어요?
노라: 공원에서 산책을 했어요.
유키: 오늘도 산책을 해요?
노라: 아니요, 오늘은 산책을 안 해요. 집에서 쉬고 싶어요.

어제　공원　쉬다

어휘

	일	월	화	수	목	금	토
							1
지난주	2	3	4	5	6	7	8
이번 주	9	10	11 그제	12 어제	13 오늘	14 내일	15 모레
다음 주	16	17	18	19	20	21	21
	23	24	25	26	27	28	29
	30	31					

지난달 · 7 (이번 달) · 다음 달

2017년	2018년	2019년
작년	올해(금년)	내년

• 보기 와 같이 쓰십시오.

보기

오늘 아르바이트가 있어요.

1. ________ 고향에서 남자 친구가 왔어요.
2. ________ 시험이 있어요.
3. ________ 친구하고 같이 영화를 볼 거예요.
4. ________ 에 고향에서 친구가 왔어요.
5. ________ 에 바다에 갈 거예요.
6. ________ 에 등산할 거예요.

문법

1 -었어요/았어요/였어요

- 저는 중국에서 왔어요.
- 지난주에 아주 바빴어요.
- 고향에서 회사에 다녔어요.
- 어제 방 청소를 했어요?

가: 아침을 먹었어요?
나: 네, 아침을 먹었어요.

가: 어제 몇 시에 전화했어요?
나: 여덟 시에 전화했어요.

<table>
<tr><td rowspan="5">-았어요</td><td rowspan="2">ㅏ</td><td>많다</td><td>많 + 았어요 → 많았어요</td><td>공원에 사람이 많았어요.</td></tr>
<tr><td>사다</td><td>사 + 았어요 → 사았어요 → 샀어요</td><td>빵집에서 빵을 샀어요.</td></tr>
<tr><td rowspan="2">ㅗ</td><td>좋다</td><td>좋 + 았어요 → 좋았어요</td><td>어제 날씨가 좋았어요?</td></tr>
<tr><td>보다</td><td>보 + 았어요 → 보았어요/봤어요</td><td>지난주에 영화를 봤어요.</td></tr>
<tr><td>ㅡ</td><td>*바쁘다</td><td>바쁘 + 았어요 → 바쁘았어요 → 바빴어요</td><td>오전에 바빴어요.</td></tr>
<tr><td rowspan="8">-었어요</td><td rowspan="2">ㅓ</td><td>먹다</td><td>먹 + 었어요 → 먹었어요</td><td>어제 비빔밥을 먹었어요.</td></tr>
<tr><td>서다</td><td>서 + 었어요 → 서었어요 → 섰어요</td><td>택시가 학교 앞에 섰어요.</td></tr>
<tr><td rowspan="2">ㅜ</td><td>울다</td><td>울 + 었어요 → 울었어요</td><td>친구 이야기를 듣고
울었어요.</td></tr>
<tr><td>주다</td><td>주 + 었어요 → 주었어요/줬어요</td><td>친구가 생일 선물을 줬어요.</td></tr>
<tr><td rowspan="2">ㅣ</td><td>읽다</td><td>읽 + 었어요 → 읽었어요</td><td>그 책을 읽었어요?</td></tr>
<tr><td>마시다</td><td>마시 + 었어요 → 마시었어요 → 마셨어요</td><td>물을 마셨어요.</td></tr>
<tr><td rowspan="2">ㅡ</td><td>만들다</td><td>만들 + 었어요 → 만들었어요</td><td>무엇을 만들었어요?</td></tr>
<tr><td>크다</td><td>크 + 었어요 → 크었어요 → 컸어요</td><td>동생이 키가 컸어요.</td></tr>
<tr><td>-였어요</td><td>하다</td><td>운동하다</td><td>운동하 + 였어요 → 운동하였어요
/운동했어요</td><td>어제 체육관에서
운동했어요.</td></tr>
</table>

보기 와 같이 쓰십시오.

8월 10일 토요일

보기

지난주에 고향에서 친구가 왔어요~~었어요/았어요/였어요~~.
(오다)

어제는 고향 친구하고 같이 인사동에 갔어요.

인사동에는 사람이 ________ 었어요/았어요/였어요.
(많다)

우리는 인사동에서 ____________ 었어요/았어요/였어요.
(쇼핑하다)

친구는 필통을 ________ 었어요/았어요/였어요.
(사다)

우리는 한국 음식을 ________ 고 한국 차도 ________ 었어요/았어요/였어요.
(먹다) (마시다)

음식이 아주 ________ 었어요/았어요/였어요.
(맛있다)

2 안

- 숙제를 안 했어요.
- 방학에 고향에 안 갈 거예요.
- 여기는 공기가 안 좋습니다.
- 무슨 음식을 안 먹습니까?

가: 교실이 더워요?
나: 아니요, 안 더워요.

가: 태권도를 배워요?
나: 아니요, 안 배워요.

● 보기 와 같이 쓰십시오.

보기

가: 윤아 씨가 바빠요?
나: 아니요, 윤아 씨가 안 바빠요.

1. 가: 흐엉 씨가 술을 마셔요?
   나: 아니요, ________________.
2. 가: 유키 씨가 음식을 먹어요?
   나: 아니요, ________________.
3. 가: 레오 씨가 음악을 들어요?
   나: 아니요, ________________.
4. 가: 올리비아 씨가 노래를 해요?
   나: 아니요, ________________.
5. 가: 날씨가 좋아요?
   나: 아니요, ________________.

연습해 봅시다

• 보기 와 같이 말하십시오.

보기

가: 유키 씨, 어제 뭘 했어요?

나: 일을 하러 사무실에 갔어요.

가: 오늘도 일을 하러 가요?

나: 아니요, 오늘은 안 가요.

2. 콘서트를 보지 못했어요

MP3 / 20

- 노라 씨가 어디에 갔습니까?
- 노라 씨가 무엇을 사고 싶어 합니까?

흐엉: 노라 씨, 콘서트를 봤어요?
노라: 아니요, 보지 못했어요.
흐엉: 왜 콘서트를 보지 못했어요? 시간이 없었어요?
노라: 아니요, 표가 없어서 보지 못했어요.
다음에는 일찍 예매할 거예요.

콘서트　왜　시간이 없다　표　일찍　예매하다

기차표

비행기 표

영화표

콘서트 표

→

예매하다

병원

식당

호텔

→

예약하다

● 보기 와 같이 말하십시오.

보기

가: 병원에 갈 거예요.

나: <u>병원을 예약하십시오.</u>

일찍

늦게

빨리 / 천천히

● 보기 와 같이 쓰십시오.

1 -지 못하다

- 피아노를 치지 못해요.
- 책을 잘 읽지 못합니다.
- 한국말을 하지 못해요.
- 왜 모임에 오지 못해요?

가: 옷을 샀어요?
나: 아니요, 옷을 사지 못했어요.

가: 왜 친구를 자주 만나지 못해요?
나: 시간이 없어요.

옷

• 보기 와 같이 쓰십시오.

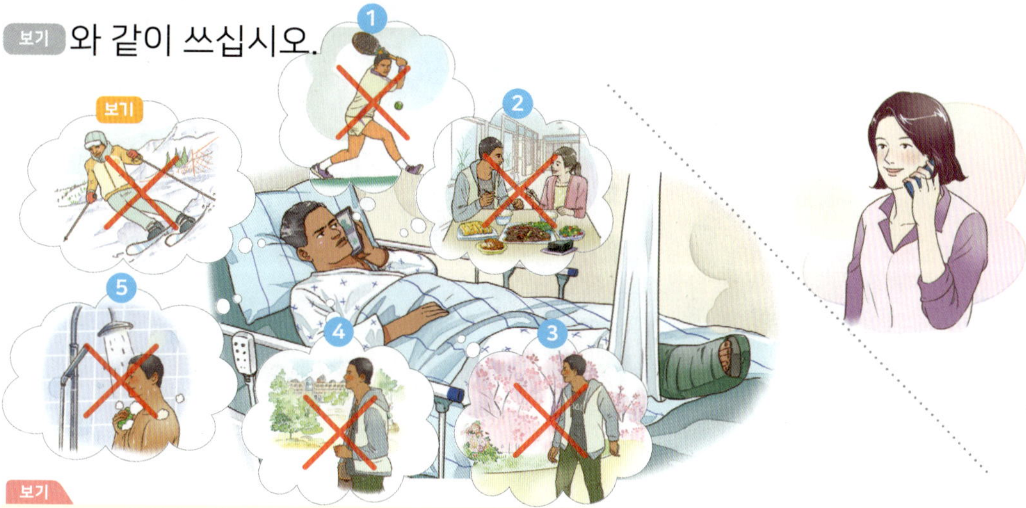

보기

가: 우리 스키를 탈까요?
나: 아니요, 저는 스키를 타지 못해요.

1. 가: 테니스를 칠까요?
   나: 아니요, ______________________.
2. 가: 같이 밥을 먹을까요?
   나: 아니요, ______________________.
3. 가: 산책을 할까요?
   나: 아니요, ______________________. 제가 아파요. 지금 병원에 있어요.
4. 가: 내일 학교에 가요?
   나: 아니요, ______________________.
5. 가: 샤워를 해요?
   나: 아니요, ______________________.

아프다

2 -어서/아서/여서[1]

- 가방이 비싸서 안 사요.
- 오늘 많이 걸어서 다리가 아파요.
- 교통이 복잡해서 지하철을 탔습니다.
- 만나서 반갑습니다.

늦다

가: 왜 그 가수를 좋아해요?
나: 노래를 잘해서 좋아해요.

가: 선생님, 늦어서 죄송합니다.
나: 괜찮아요.

● 보기 와 같이 쓰십시오.

보기

가: 왜 일찍 집에 가요?
나: 아파서 일찍 집에 가요.

1. 가: 왜 숙제를 하지 못했어요?
   나: ____________ 어서/아서/여서 ____________.
2. 가: 왜 창문을 닫아요?
   나: ____________ 어서/아서/여서 ____________.
3. 가: 등산을 갈 거예요?
   나: 아니요, ____________ 어서/아서/여서 ____________.
4. 가: 피곤해요?
   나: 네, ____________ 어서/아서/여서 ____________.
5. 가: 김밥을 샀어요?
   나: 네, ____________ 어서/아서/여서 ____________.

연습해 봅시다

- 보기 와 같이 말하십시오.

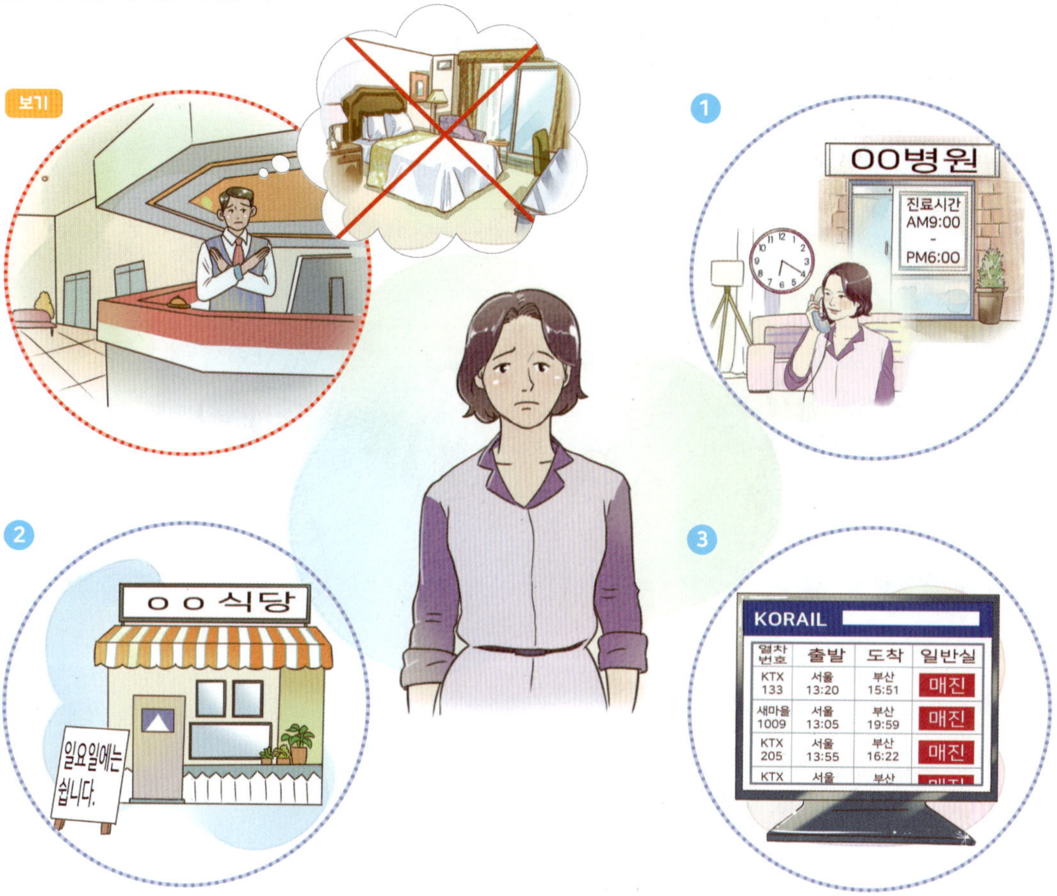

보기

가: 호텔을 예약했어요?

나: 아니요, 예약하지 못했어요.

가: 왜 호텔을 예약하지 못했어요?

나: 방이 없어서 예약하지 못했어요.

복습

1 알맞은 단어를 골라 (   ) 안에 쓰십시오.

어제	내일	공원	쉬다	왜	표	산책	콘서트	병원
호텔	식당	일찍	시간	예매하다		예약하다		

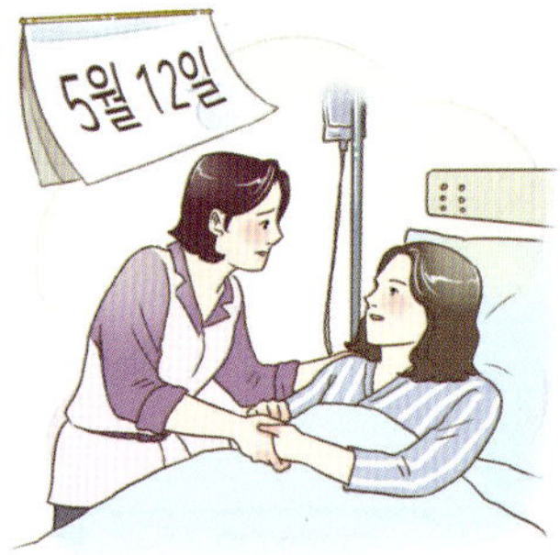

노라: 유키 씨, 같이 영화를 볼까요?

유키: 아니요, 오늘은 집에서 쉬고 싶어요.

노라: 보기 (왜) 집에서 쉬고 싶어요?

유키: ❶ (   ) 흐엉 씨하고 같이 ❷ (   )에서 ❸ (   )을/를 했어요.
오늘 좀 피곤해요.

노라: ❹ (   ) 뭘 할 거예요?

유키: ❺ (   )에 갈 거예요.

노라: 유키 씨, 아파요?

유키: 아니요, 친구가 아파서 병원에 있어요.
노라 씨, 다음 주에 ❻ (   ) 이/가 있어요?

노라: 네.

유키: 그럼 우리 다음 주에 ❼ (   )을/를 볼까요?
제가 ❽ (   )을/를 ❾ (   )을까요/ㄹ까요?

2 쓰십시오.

제 이름은 흐엉이에요.

저는 지난달에 베트남에서 보기 왔어요 ~~었어요/았어요/였어요.~~
(오다)

저는 베트남에서 ❶ ______ 이었어요/였어요.
(대학생)

학교에서 한국말을 ❷ ______ 었어요/았어요/였어요.
(배우다)

학교에서 한국말을 배웠지만 한국말을 ❸ ______ 지 못해요.
(잘하다)

저는 한국말을 ❹ ______ 어서/아서/여서 베트남 드라마를 ❺ ______ 지
(잘하고 싶다) (보다)

않고 날마다 한국 드라마를 봐요.

부록

연습 문제
모범 답안(교재)
연습 문제 답안
색인(어휘·문법)

연습 문제

1과 <1> 저는 미국 사람입니다

어휘

1. 연결하십시오.

① • 저

② • 제

③ • 네

④ • 이름

⑤ • 미국 사람

⑥ • 안녕하십니까?

문법1 입니다

1. 쓰십시오.

보기 한국 사람 → 한국 사람입니다.

1) 미국 → ______________.

2) 노라 → ______________.

3) 이윤아 → ______________.

4) 중국 사람 → ______________.

5) 프랑스 사람 → ______________.

2. 그림을 보고 쓰십시오.

보기 미국입니다.

① ______________________.

② ______________________.

③ ______________________.

④ ______________________.

⑤ ______________________.

문법2 은/는[1]

1. 맞는 것을 고르십시오.

보기 노라(은/(는)) 노르웨이 사람입니다.

1) 에릭(은/는) 미국 사람입니다.
2) 저(은/는) 한국 사람입니다.
3) 제 이름(은/는) 레오입니다.
4) 주앙(은/는) 브라질 사람입니다.
5) 올리비아(은/는) 호주 사람입니다.

2. 한 문장으로 만드십시오.

보기 윤아 / 한국 사람 → 윤아는 한국 사람입니다.

1) 하늘 / 학생 → ______________________.
2) 저 / 올리비아 → ______________________.
3) 제 이름 / 리타오 → ______________________.
4) 유키 / 일본 사람 → ______________________.
5) 존 / 케냐 사람 → ______________________.

1과 <2> 저는 회사원이 아닙니다

어휘 1. 연결하십시오.

① • 씨

② • 학생

③ • 회사원

④ • 아니요

문법1 입니까?

1. 쓰십시오.

보기 가수 → 가수입니까?

1) 학생 → ________________?
2) 기자 → ________________?
3) 은행원 → ________________?
4) 간호사 → ________________?
5) 일본 사람 → ________________?

2. 그림을 보고 대화를 만드십시오.

보기

가: 선생님입니까?

나: 아니요, 저는 학생입니다.

①

가: ______________________________?

나: 네, 저는 회사원입니다.

②

가: ______________________________?

나: 네, 저는 가수입니다.

③

가: ______________________________?

나: 아니요, 저는 중국 사람입니다.

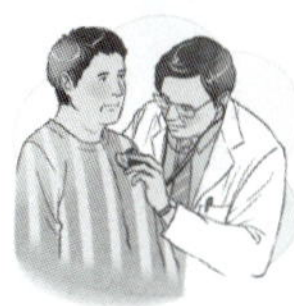

④

가: ______________________________?

나: 아니요, 저는 의사입니다.

⑤

가: ______________________________?

가: ______________________________.

문법2 이/가 아닙니다.

1. 맞는 것을 고르십시오.

보기 학생(이/가) 아닙니다.

1) 에릭(이/가) 아닙니다.

2) 한국 사람(이/가) 아닙니다.

3) 배우(이/가) 아닙니다.

4) 선생님(이/가) 아닙니다.

5) 기자(이/가) 아닙니다.

2. 그림을 보고 대화를 만드십시오.

보기

가: 중국 사람입니까?

나: 아니요, 중국 사람이 아닙니다.

❶

가: 흐엉 씨입니까?

나: 아니요, ______________________.

❷

가: 간호사입니까?

나: 아니요, ______________________.

❸

가: 학생입니까?

나: 아니요, ______________________.

❹

가: 브라질입니까?

나: 아니요, ______________________.

❺

가: ______________________?

나: 아니요, ______________________.

2과 <1> 그것이 무엇입니까?

어휘

1. 연결하십시오.

❶ ● 여기

❷ ● 이것

❸ ● 그것

❹ ● 우리

❺ ● 컴퓨터

❻ ● 교실

❼ ● 무엇

문법1 이/가

1. 맞는 것을 고르십시오.

보기 리타오 씨(이/가) 학생입니다.

1) 에릭 씨(이/가) 미국 사람입니다.
2) 이 사람(이/가) 주앙입니다.
3) 이것(이/가) 칠판입니다.
4) 유키 씨(이/가) 기자입니다.
5) 선생님 이름(이/가) 무엇입니까?

2. 그림을 보고 문장을 만드십시오.

보기 윤아 씨 / 한국 사람 → 윤아 씨가 한국 사람입니다.

① 저것 / 제 휴대전화 → ____________________.

② 친구 / 회사원 → ____________________.

③ 이 사람 / 노라 씨 → ____________________.

④ 레오 씨 / 요리사 → ____________________.

⑤ 이것 / 책상 → ____________________.

문법2 이, 그, 저

1. 그림을 보고 쓰십시오.

보기 이 달력

1) ___ 학생

2) ___ 거울

3) ___ 지도

4) ___ 시계

5) ___ 옷걸이

2. 그림을 보고 대화를 만드십시오.

보기

가: 이것이 무엇입니까?

나: 이것이 컴퓨터입니다.

①

가: 그것이 무엇입니까?

나: 이것이 ____________.

②

가: 저것이 무엇입니까?

나: ____________.

③

가: 그 사람이 누구입니까?

나: ____________.

④

가: ____________.

나: 네, 저 사람이 중국 사람입니다.

⑤

가: ____________.

나: ____________.

2과 <2> 책이 있습니까?

어휘

1. 연결하십시오.

	❶		● 공책
	❷		● 책
	❸		● 없다
	❹		● 있다

문법1 이/가 있습니다(없습니다)

1. 그림을 보고 쓰십시오.

	보기 필통 → 필통이 있습니다.		1) 지갑 → ______________.
	2) 공책 → ______________.	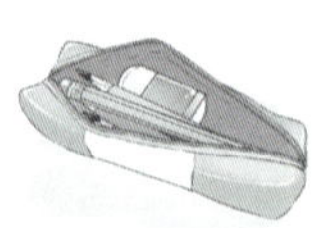	3) 연필 → ______________.
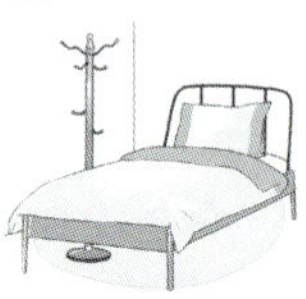	4) 옷걸이 → ______________.		5) 시계 → ______________.

2. 그림을 보고 대화를 만드십시오.

보기

가: 베트남 사람이 있습니까?

나: 네, 베트남 사람이 있습니다.

1

가: 책이 있습니까?

나: ______________________.

2

가: 휴대전화가 있습니까?

나: ______________________.

3

가: 옷걸이가 있습니까?

나: ______________________.

4

가: ______________________.

나: 아니요, 지갑이 없습니다.

5

가: ______________________.

나: ______________________.

문법2 도

1. 쓰십시오.

보기 미국 사람이 있습니다. 호주 사람 (도) 있습니다.

1) 책이 있습니다. 공책(　　) 있습니다.

2) 의자가 없습니다. 책상(　　) 없습니다.

3) 윤아 씨가 한국 사람입니다. 하늘 씨(　　) 한국 사람입니다.

4) 이것이 제 지우개입니다. 저것(　　) 제 지우개입니다.

5) 이 사람이 가수입니다. 저 사람(　　) 가수입니다.

2. **대화를 만드십시오.**

보기

시계
휴대전화

가: 시계가 있습니까?
나: 네, 시계가 있습니다.
가: 휴대전화도 있습니까?
나: 네, 휴대전화도 있습니다.

1)

프랑스 사람
중국 사람

가: 프랑스 사람이 있습니까?
나: ______________________________.
가: 중국 사람도 있습니까?
나: ______________________________.

2)

연필
볼펜

가: 연필이 있습니까?
나: ______________________________.
가: 볼펜도 있습니까?
나: ______________________________.

3)

의자
책상

가: ______________________________?
나: 네, 의자가 있습니다.
가: ______________________________?
나: 네, 책상도 있습니다.

4)

일본 사람
한국 사람

가: 일본 사람이 있습니까?
나: 네, 일본 사람이 있습니다.
가: ______________________________?
나: ______________________________.

5)

지도
달력

가: ______________________________?
나: ______________________________.
가: ______________________________?
나: ______________________________.

어휘

1. 알맞은 단어를 골라서 (　　) 안에 쓰십시오.

도서관　어디　학생회관　앞　은행　안

1) 그 책이 (　　　　　)에 있습니다.
2) (　　　　　)에 돈이 있습니다.
3) 식당이 (　　　　　)에 있습니다.
4) 베트남이 (　　　　　)에 있습니까?
5) 필통 (　　　　　)에 연필이 있습니다.
6) 서점이 편의점 (　　　　　)에 있습니다.

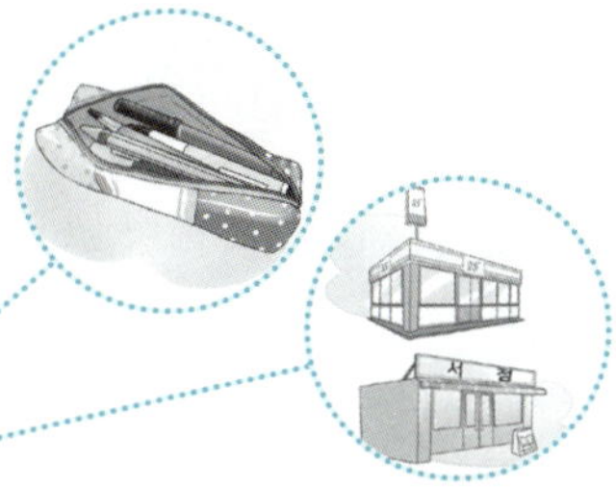

문법1 에 있습니다 (없습니다)

1. 한 문장으로 만드십시오.

보기 에릭 씨 / 도서관 → 에릭 씨가 도서관에 있습니다.

1) 볼펜 / 필통 → ____________.
2) 지갑 / 가방 → ____________.
3) 지도 / 교실 → ____________.
4) 은행 / 학생회관 안 → ____________.
5) 기숙사 / 학생식당 앞 → ____________.

2. 그림을 보고 대화를 만드십시오.

보기

가: 필통이 어디에 있습니까?

나: 필통이 가방에 있습니다.

❶

가: 기숙사에 편의점이 있습니까?

나: 네, 기숙사에 편의점이 ____________.

2
가: 교실에 옷걸이가 있습니까?
나: 아니요, 교실에 옷걸이가 ______________________.

3
가: 흐엉 씨가 어디에 있습니까?
나: ______________________.

4
가: 책상 위에 무엇이 있습니까?
나: ______________________.

5
가: 식당이 어디에 있습니까?
나: ______________________.

문법2 은/는²

1. 쓰십시오.

보기 연필 / 있습니다. 지우개 / 없습니다.
→ 연필이 있습니다. 지우개는 없습니다.

1) 간호사 / 있습니다. 의사 / 없습니다.
→ ______________________.

2) 태국 친구 / 있습니다. 일본 친구 / 없습니다.
→ ______________________.

3) 이것 / 볼펜입니다. 저것 / 볼펜이 아닙니다.
→ ______________________.

4) 이 사람 / 학생입니다. 저 사람 / 학생이 아닙니다.
→ ______________________.

5) 기숙사 / 체육관 앞에 있습니다. 도서관 / 체육관 뒤에 있습니다.
→ ______________________.

2. 그림을 보고 대화를 만드십시오.

보기

가: 의자가 있습니까?

나: 네, 있습니다.

가: 책상도 있습니까?

나: 아니요, 책상은 없습니다.

❶

가: 에릭 씨가 미국 사람입니까?

나: 네, 미국 사람입니다.

가: 존 씨도 미국 사람입니까?

나: 아니요, 존 씨 ______________________.

❷

가: 이것이 책입니까?

나: 네, 책입니다.

가: 저것도 책입니까?

나: 아니요, 저것 ______________________.

❸

가: 교실에 미국 사람이 있습니까?

나: 네 있습니다.

가: 노르웨이 사람도 있습니까?

나: 아니요, 노르웨이 사람 ______________________.

❹

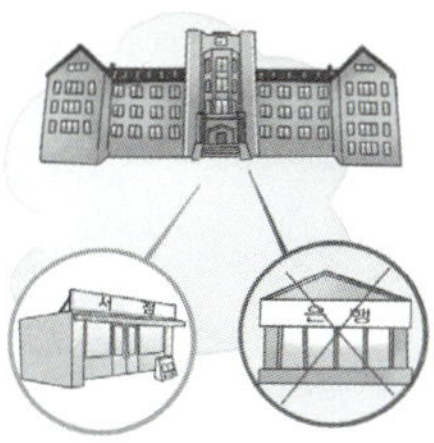

가: 학교에 서점이 있습니까?

나: 네, 있습니다.

가: 은행도 있습니까?

나: 아니요, ______________________.

❺

가: 기숙사에 식당이 있습니까?

나: 네, 있습니다.

가: 편의점도 있습니까?

나: ______________________.

<2> 기숙사 방이 아주 좋습니다

어휘

1. 알맞은 단어를 골라서 (　　　) 안에 쓰십시오.

방　　어떻다　　아주　　좋다　　근처

1) 꽃이 (　　　　) 많습니다.　　　　2) 도서관이 (　　　　)습니다/ㅂ니다.

3) 학교 (　　　　)에 은행이 있습니까?　　　　4) 기숙사 (　　　　)에 컴퓨터가 없습니다.

5) 가: 날씨가 (　　　　)습니까/ㅂ니까?
　나: 날씨가 아주 춥습니다.

문법1 -습니다/습니까?

1. 쓰십시오.

	-습니다/ㅂ니다	-습니까?/ㅂ니까?
크다	보기 큽니다	큽니까?
작다		
많다		
적다		
덥다		
춥다		
좋다		
나쁘다		
조용하다		
시끄럽다		

2. 그림을 보고 대화를 만드십시오.

보기 

가: 날씨가 덥습니까?

나: 네, 날씨가 덥습니다.

1 

가: 학교가 좋습니까?

나: 네, ____________________.

2 

가: 기숙사가 춥습니까?

나: 네, ______________________.

3 

가: 이 가방이 작습니까?

나: 아니요, ______________________.

4 

가: 서점이 ______________________?

나: 네, 서점이 조용합니다.

5 

가: 학생이 많습니까?

나: ______________________.

문법2 과/와(하고)

1. 쓰십시오.

> 보기 식당이 있습니다. 편의점도 있습니다.
> → 식당과 편의점이 있습니다.

1) 유키입니다. 노라입니다.

→ ______________________.

2) 달력이 있습니다. 시계도 있습니다.

→ ______________________.

3) 책상 위에 책이 있습니다. 공책도 있습니다.

→ ______________________.

4) 교실에 의자가 있습니다. 책상도 있습니다.

→ ______________________.

5) 우체국 옆에 서점이 있습니다. 은행도 있습니다.

→ ______________________.

2. 그림을 보고 대화를 만드십시오.

보기

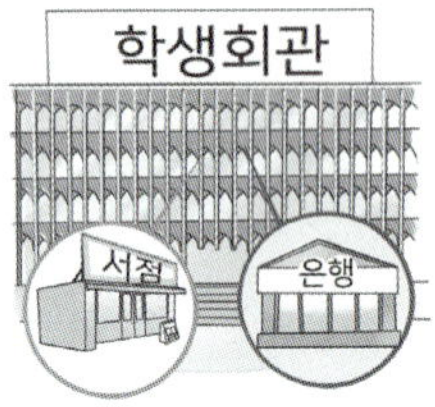

가: 학생회관에 무엇이 있습니까?

나: 은행과 서점이 있습니다.

1

가: 누구입니까?

나: 의사 ______ 간호사입니다.

2

가: 무엇입니까?

나: 연필 ______________________.

3

가: 가방에 무엇이 있습니까?

나: ______________________.

4

가: 교실에 누가 있습니까?

나: ______________________.

5

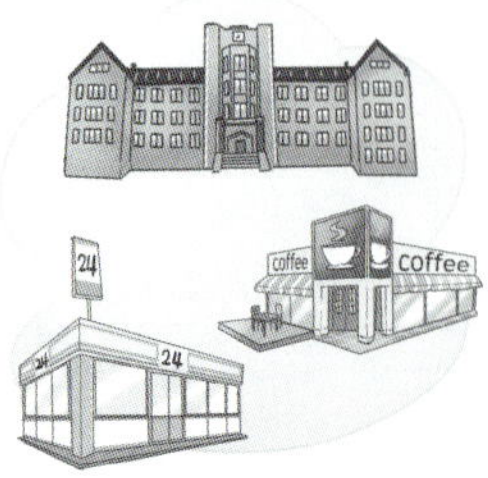

가: 학교 근처에 무엇이 있습니까?

나: ______________________.

4과 <1> 한국말을 배웁니까?

어휘

1. 알맞은 단어를 골라서 (   ) 안에 쓰십시오.

저분 한국말 배우다 왔습니다

1) 저는 한국말을 (   )습니다/ㅂ니다.
2) (   )이/가 선생님입니까?
3) 노라 씨는 노르웨이에서 (   ).
4) 김 선생님은 (   )을/를 가르칩니다.

문법1 에서 오다

1. 한 문장으로 만드십시오.

보기 미국 / 왔습니다. → 미국에서 왔습니다.

1) 중국 / 왔습니다. → ____________________.
2) 베트남 / 왔습니다. → ____________________.
3) 프랑스 파리 / 왔습니다. → ____________________.
4) 호주 / 왔습니까? → ____________________?
5) 어디 / 왔습니까? → ____________________?

2. 그림을 보고 대화를 만드십시오.

보기

가: 미국에서 왔습니까?
나: 네, 미국에서 왔습니다.

①

가: 프랑스에서 왔습니까?
나: 네, ____________________.

②

가: 일본에서 왔습니까?
나: 아니요, ____________________.

3 

가: 어디에서 왔습니까?

나: ______________________________.

4 

가: 어디에서 왔습니까?

나: ______________________________.

5 

가: ______________________________.

나: 케냐에서 왔습니다.

문법2 을/를

1. 맞는 것을 고르십시오.

보기 책(을/를) 읽습니다.

1) 거울(을/를) 봅니다.

2) 커피(을/를) 마십니다.

3) 빵(을/를) 먹습니다.

4) 친구(을/를) 만납니다.

5) 이름(을/를) 씁니다.

2. 그림을 보고 대화를 만드십시오.

보기 

가: 텔레비전을 봅니까?

나: 네, 텔레비전을 봅니다.

1 

가: 빵을 먹습니까?

나: 네, ______________________.

2 

가: 한국말을 가르칩니까?

나: 네, ______________________.

3 

가: 커피를 마십니까?

나: 아니요, ______________________.

4 

가: 무엇을 합니까?

나: ______________________.

5 

가: 누구를 만납니까?

나: ______________________.

4과 <2> 주앙 씨와 같이 게임을 합니다

어휘 1. 알맞은 단어를 골라서 (   ) 안에 쓰십시오.

날마다   피시방   게임   하다

1) 무엇을 (   )습니까/ㅂ니까?
2) (   )에 컴퓨터가 많습니다.
3) (   ) 한국말을 공부합니다.
4) 주앙 씨가 (   )을/를 합니다.

문법1 에서

1. 한 문장으로 만드십시오.

보기 학교 / 공부합니다. → 학교에서 공부합니다.

1) 빵집 / 빵을 먹습니다. → ____________________.
2) 도서관 / 책을 읽습니다. → ____________________.
3) 백화점 / 가방을 삽니다. → ____________________.
4) 카페 / 친구를 만납니다. → ____________________?
5) 어디 / 아르바이트합니까? → ____________________?

2. 그림을 보고 대화를 만드십시오.

보기

가: 교실에서 공부합니까?
나: 네, 교실에서 공부합니다.

1

가: 체육관에서 운동합니까?
나: 네, ____________________.

2 

가: 집에서 식사합니까?

나: 아니요, ______________________.

3 

가: 어디에서 책을 읽습니까?

나: ______________________.

4 

가: 어디에서 텔레비전을 봅니까?

나: ______________________.

5 

가: ______________________?

나: ______________________.

문법2 과/와 같이

1. 맞는 것을 고르십시오.

보기 저는 유키 씨(과/와 같이) 식사합니다.

1) 저는 존(과/와 같이) 운동을 합니다.

2) 하늘 씨가 친구(과/와 같이) 노래합니다.

3) 노라 씨가 흐엉 씨(과/와 같이) 공부합니다.

4) 학생들이 선생님(과/와 같이) 커피를 마십니다.

5) 누구(과/와 같이) 한국말을 배웁니까?

2. 그림을 보고 대화를 만드십시오.

보기

가: 에릭 씨와 같이 공부합니까?

나: 네, 저는 에릭 씨와 같이 공부합니다.

❶

가: 유키 씨와 같이 한국말을 배웁니까?

나: 네, ______________________.

❷

가: 주앙 씨와 같이 노래합니까?

나: 아니요, ______________________.

❸

가: 누구와 같이 식사를 합니까?

나: ______________________.

❹

가: 누구와 같이 게임을 합니까?

나: ______________________.

❺

가: 누구와 같이 운동합니까?

나: ______________________.

5과 <1> 고향에 갑니다

어휘

1. 연결하십시오.

❶ • 고향

❷ • 언제

❸ • 바다

❹ • 수영

❺ • 가다

문법1 에 가다

1. 쓰십시오.

보기 서점 → 서점에 갑니다.

1) 산 → ____________________.

2) 은행 → ____________________.

3) 회사 → ____________________.

4) 프랑스 → ____________________.

5) 찜질방 → ____________________.

2. 그림을 보고 대화를 만드십시오.

보기

가: 어디에 갑니까?

나: 학교에 갑니다.

1

가: 어디에 갑니까?

나: ____________________.

2

가: 어디에 갑니까?

나: ____________________.

3

가: 어디에 갑니까?

나: ____________________.

4

가: 노래방에 갑니까?

나: 네, ____________________.

5

가: ____________________?

나: 아니요, ____________________.

문법2 -고 싶다

1. 쓰십시오.

보기 저는 커피를 마십니다. → 저는 커피를 마시고 싶습니다.

1) 저는 빵을 먹습니다. → ______________________.
2) 저는 피시방에 갑니다. → ______________________.
3) 저는 한국 노래를 듣습니다. → ______________________.
4) 저는 강에서 수영합니다. → ______________________.
5) 저는 친구하고 같이 공부합니다. → ______________________.

2. 그림을 보고 대화를 만드십시오.

보기  

가: 누구를 만나고 싶습니까?
나: 부모님을 만나고 싶습니다.

① 

가: 무엇을 사고 싶습니까?
나: ______________________.

②  

가: 어디에 가고 싶습니까?
나: ______________________.

③  

가: 누구와 같이 숙제하고 싶습니까?
나: ______________________.

④  

가: 무엇을 하고 싶습니까?
나: ______________________.

⑤  

가: ______________________?
나: ______________________.

5과 <2> 하와이는 조용하고 아름답습니다

어휘

1. 연결하십시오.

① ● 서울

② ● 하와이

③ ● 복잡하다

④ ● 아름답다

문법1 -지 않다

1. 쓰십시오.

보기 덥습니다. → 덥지 않습니다.

1) 지금 바쁩니다. → ______________________.

2) 방이 깨끗합니다. → ______________________.

3) 빵을 먹습니다. → ______________________.

4) 서점에 갑니다. → ______________________.

5) 수영하고 싶습니다. → ______________________.

2. 그림을 보고 대화를 만드십시오.

보기 

가: 레오 씨가 공부합니까?

나: 아니요, 레오 씨가 공부하지 않습니다.

① 

가: 교실이 춥습니까?

나: 아니요, ______________________.

② 

가: 가방이 작습니까?

나: 아니요, ______________________.

③ 

가: 학생이 선생님을 봅니까?

나: 아니요, ______________________.

④ 

가: 올리비아 씨가 태권도를 합니까?

나: 아니요, ______________________.

⑤ 

가: ______________________?

나: 아니요, ______________________.

법2 -고[1]

1. 쓰십시오.

보기 고향이 조용합니다 / 깨끗합니다. → 고향이 조용하고 깨끗합니다.

1) 노라 씨가 예쁩니다 / 친절합니다 → ______________________.

2) 방이 춥습니다 / 더럽습니다 → ______________________.

3) 선생님이 친절합니다 / 재미있습니다 → ______________________.

4) 고향이 시끄럽습니다 / 복잡합니다 → ______________________.

5) 저는 숙제합니다 / 친구는 TV를 봅니다 → ______________________.

2. 그림을 보고 단어를 골라서 대화를 만드십시오.

작다	크다	좋다	덥다	예쁘다	더럽다	깨끗하다	친절하다
조용하다	시끄럽다	아름답다	재미있다				

보기 

가: 가방이 예쁩니까?
나: 네, ____예쁘____고 ____좋습니다____.

1 

가: 주앙 씨가 친절합니까?
나: 네, ________고 ________.

2 

가: 방이 작습니까?
나: 네, ________고 ________.

3 

가: 고향이 시끄럽습니까?
나: 아니요, ________고 ________.

4 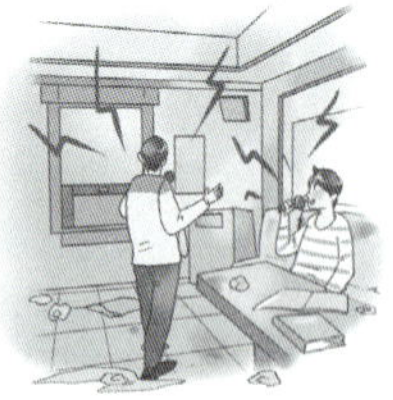

가: 노래방이 깨끗합니까?
나: 아니요, ________고 ________.

5 

가: 호수가 어떻습니까?
나: ________고 ________.

6과 <1> 저는 날마다 아홉 시부터 한 시까지 공부합니다

어휘

1. 연결하십시오.

① ● 몇 시

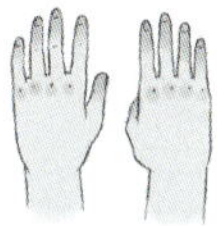

② ● 반

③ ● 아홉

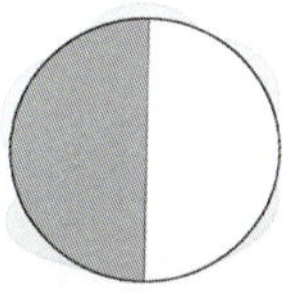

④ ● 하나

⑤ ● 점심

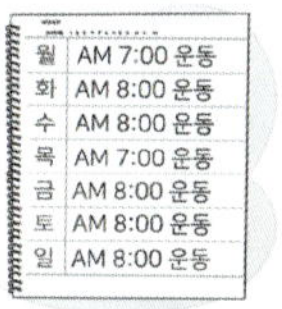

⑥ ● 보통

문법 1 에[1]

1. 쓰십시오.

보기 한 시 / 친구를 만납니다. → 한 시에 친구를 만납니다.

1) 여덟 시 / 학교에 갑니다. → ______________________.

2) 한 시 반 / 밥을 먹습니다. → ______________________.

3) 오전 / 아르바이트를 합니다. → ______________________.

4) 오후 세 시 / 우체국에 갑니다. → ______________________.

5) 저녁 / 컴퓨터를 합니다. → ______________________.

2. 그림을 보고 단어를 골라서 대화를 만드십시오.

보기 가: 몇 시에 운동합니까?
나: 저는 여덟 시에 운동을 합니다.

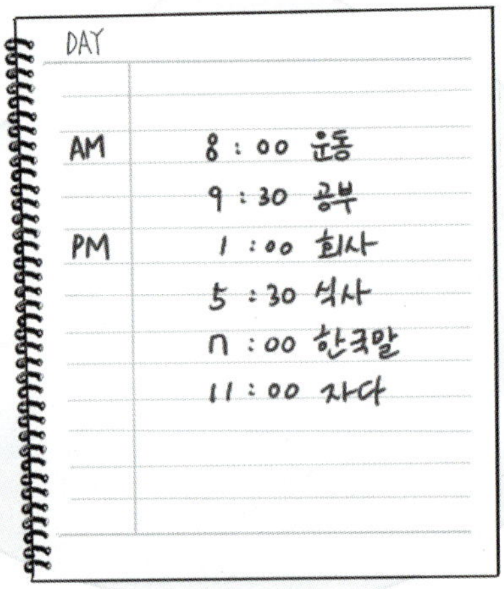

1) 가: 몇 시에 공부를 합니까?

나: ______________________.

2) 가: 몇 시에 회사에 갑니까?

나: ______________________.

3) 가: 몇 시에 식사를 합니까?

나: ______________________.

4) 가: 몇 시에 한국말을 공부합니까?

나: ______________________.

5) 가: 몇 시에 잡니까?

나: ______________________.

문법2 부터 까지

1. 쓰십시오.

보기 9:00 ~ 11:00 / 중국말을 배웁니다.
→ 아홉 시부터 열한 시까지 중국말을 배웁니다.

1) 1:00 ~ 2:30 / 게임합니다. → ______________________.

2) 3:00 ~ 6:00 / 아르바이트를 합니다. → ______________________.

3) 7:00 ~ 8:30 / 텔레비전을 봅니다. → ______________________.

4) 8:30 ~ 9:00 / 책을 읽습니다. → ______________________.

5) 12:00~ 1:30 / 점심을 먹습니다. → ______________________.

2. 그림을 보고 대화를 만드십시오.

보기

가: 몇 시부터 몇 시까지 운동을 합니까?

나: 여섯 시부터 일곱 시까지 운동을 합니다.

❶

가: 몇 시부터 몇 시까지 일합니까?

나: ______________________ 일합니다.

❷

가: 몇 시부터 몇 시까지 음악을 듣습니까?

나: ______________________.

❸

가: 몇 시부터 몇 시까지 친구를 만납니까?

나: ______________________.

❹

가: ______________________?

나: 여덟 시부터 아홉 시까지 영어를 가르칩니다.

❺

가: ______________________?

나: ______________________.

6과 <2> 집에서 숙제를 하십시오

어휘

1. 알맞은 단어를 골라서 ( ) 안에 쓰십시오.

수업	숙제	대화	교과서	30(삼십)	쪽	알다(알겠습니다)
번	집					

1) 우리 ( )이/가 큽니다.

2) 이것을 다섯 ( ) 쓰십시오.

3) 유키 씨, ( )하고 공책이 있습니까?

4) 저는 도서관에서 ( )을/를 합니다.

5) 리타오 씨는 지금 45( )을/를 읽습니다.

6) 노라 씨, 친구하고 같이 ( )을/를 하십시오.

7) 에릭 씨는 여덟 시 ( )분에 회사에 갑니다.

8) 아홉 시부터 한 시까지 ( )이/가 있습니다.

9) 가: 점심을 드십시오.

나: 네, ( )

문법1

-으십시오/십시오

1. 쓰십시오.

보기 예습하다 → 예습하십시오.

1) 책을 읽다 → ____________________.

2) 집 앞에서 기다리다 → ____________________.

3) 서점에 가다 → ____________________.

4) 아침을 먹다 → ____________________.

5) 일찍 자다 → ____________________.

2. 대화를 만드십시오.

보기 **가**: 밖이 시끄럽습니다.
나: 문을 닫으십시오.

1) **가**: 그 영화가 재미있습니까?
나: 네, 재미있습니다. ______________________.

2) **가**: 운동을 하고 싶습니다. 어디가 좋습니까?
나: ______________________.

3) **가**: 선생님, 제가 책을 읽고 싶습니다.
나: ______________________.

4) **가**: 유키 씨, 유키 씨 집에 가고 싶습니다.
나: ______________________.

5) **가**: 이 지갑이 어떻습니까?
나: 예쁩니다. ______________________.

문법2 -을까요/ㄹ까요?[1]

1. 쓰십시오.

보기 제가 도서관에 가다 → 제가 도서관에 갈까요?

1) 제가 책을 읽다 → ______________________?
2) 제가 문을 닫다 → ______________________?
3) 제가 이것을 먹다 → ______________________?
4) 제가 여기에서 기다리다 → ______________________?
5) 제가 이 아르바이트를 하다 → ______________________?

2. **그림을 보고 대화를 만드십시오.**

보기

가: 저는 집 앞 커피숍에 있습니다.

나: 제가 거기에 갈까요?

❶

가: 바쁩니다.

나: ______________________________?

❷

가: 누가 책을 읽고 싶습니까?

나: ______________________________?

❸

가: 춥습니다.

나: ______________________________?

❹

가: ______________________________?

나: 네, 운전하십시오.

❺

가: ______________________________?

나: 네, 사십시오.

7과 <1> 무슨 음식을 좋아합니까?

어휘

1. 알맞은 단어를 골라서 (   ) 안에 쓰십시오.

무슨	좋아하다	불고기	맛있다	맵다	그럼	만들다

1) 수영을 (   )습니까/ㅂ니까?

2) 자장면이 (   )지 않습니다.

3) (   ) 차를 마시고 싶습니까?

4) 저는 (   )을/를 먹지 않습니다.

5) 딸기가 아주 (   )습니다/ㅂ니다.

6) 제가 중국 음식을 (   )을까요/ㄹ까요?

7) **가:** 삼계탕이 맛있습니다.
   나: (   ) 삼계탕을 먹고 싶습니다.

문법 1 무슨

1. 쓰십시오.

보기 운동을 좋아합니다. → 무슨 운동을 좋아합니까?

1) 차를 마십니다. → ______________________.

2) 책이 재미있다. → ______________________.

3) 음악을 듣습니다. → ______________________.

4) 과일이 맛있습니다. → ______________________.

5) 꽃을 좋아합니다. → ______________________.

2. 그림을 보고 대화를 만드십시오.

보기

가: 무슨 과일을 사고 싶습니까?
나: 사과를 사고 싶습니다.

1 

가: ____________________?

나: 유자차가 맛있습니다.

2 

가: ____________________?

나: 코미디 영화가 재미있습니다.

3 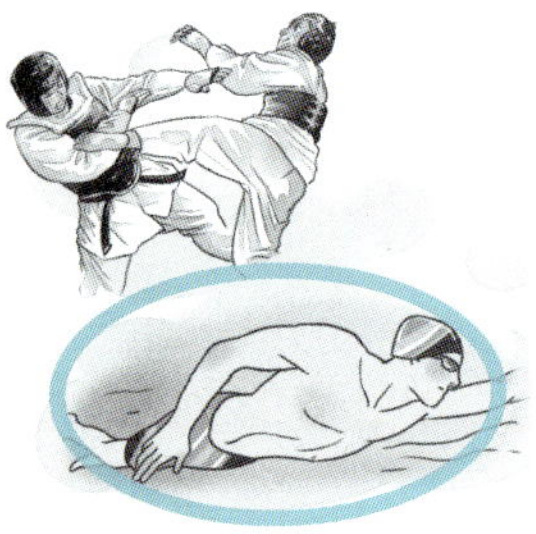

가: ____________________?

나: 수영을 합니다.

4 

가: ____________________?

나: 한국 노래를 듣습니다.

5 

가: ____________________?

나: 초밥을 먹지 않습니다.

문법2 ㄹ동사

1. 쓰십시오.

보기 어디에서 삽니까?~~습니까/ㅂ니까?~~ (살다)

1) 머리가 ________ 습니다/ㅂ니다. (길다)
2) 한국말을 ________ 습니다/ㅂ니다. (알다)
3) 고향이 한국에서 ________ 습니다/ㅂ니다. (멀다)
4) 덥습니다. 창문을 ________ 으십시오/십시오. (열다)
5) 비빔밥을 ________ 을까요?/ㄹ까요? (만들다)

2. 대화를 만드십시오.

보기 **가**: 이 커피가 답니까?~~습니까/ㅂ니까?~~ (달다)
나: 아니요, 달지 않습니다.

1) **가**: 저 사람을 ________ 습니까/ㅂ니까? (알다)
나: 네, ________ 습니다/ㅂ니다.
2) **가**: 기숙사에서 ________ 습니까/ㅂ니까? (살다)
나: 네, 기숙사에서 ________ 습니다/ㅂ니다.
3) **가**: 백화점이 여기에서 ________ 습니까/ㅂ니까? (멀다)
나: 아니요, ________ 지 않습니다.
4) **가**: 무엇을 ________ 을까요?/ㄹ까요? (만들다)
나: 불고기를 ________ 으십시오/십시오.
5) **가**: 친구하고 같이 어디에서 ________ 습니까/ㅂ니까? (놀다)
나: 친구 집에서 ________ 습니다/ㅂ니다.

7과 <2> 무엇을 시킬까요?

어휘

1. **알맞은 단어를 골라서 쓰십시오.**

시키다 삼겹살 여기요 인분 그릇 주다 배가 고프다

1) (   ), 맥주가 있습니까?

2) 갈비 10 (   )을/를 만드십시오.

3) (   )습니까/ㅂ니까? 그럼 같이 학생식당에 갑시다.

4) 불고기를 좋아합니다. (   )은/는 좋아하지 않습니다.

5) 우동이 맛있습니다. 보통 우동 두 (   )을/를 먹습니다.

6) 여기요, 커피 한 잔하고 유자차 한 잔 (   )으십시오/십시오.

7) 오늘은 냉면을 먹고 싶습니다. 우리 냉면을 (   )을까요/ㄹ까요?

문법1 **-을까요/ㄹ까요?²**

1. **쓰십시오.**

보기 같이 노래방에 가다 → 같이 노래방에 갈까요?

1) 같이 김밥을 먹다 → ________________?

2) 우리 이 책을 읽다 → ________________?

3) 우리 다섯 시에 만나다 → ________________?

4) 같이 한국 음식을 만들다 → ________________?

5) 같이 바다에서 수영하다 → ________________?

2. **대화를 만드십시오.**

보기 **가:** 이 영화가 재미있습니다.
나: 그럼 우리 이 영화를 볼까요?

1) **가:** 저는 등산을 좋아합니다.
나: ________________?

2) **가:** 이 식당은 김치찌개가 맛있습니다.
나: ________________?

3) 가: 덥습니다.

나: ______________________________?

4) 가: 배가 고픕니다.

나: ______________________________?

5) 가: 내일 시험이 있습니다.

나: ______________________________?

문법2 -읍시다/ㅂ시다

1. 쓰십시오.

보기 비빔밥을 시키다 → 비빔밥을 시킵시다.

1) 학교에 가다 → ______________________________.

2) 신문을 읽다 → ______________________________.

3) 같이 숙제하다 → ______________________________.

4) 두 시에 점심을 먹다 → ______________________________.

5) 도서관 앞에서 만나다 → ______________________________.

2. 대화를 만드십시오.

보기 가: 교과서를 살까요?
나: 네, 교과서를 삽시다.

1) 가: 서점에 갈까요?

나: 네, ______________________________.

2) 가: 몇 시에 만날까요?

나: 네 시 반에 ______________________________.

3) 가: 어디에 갈까요?

나: ______________________________.

4) 가: 어디에서 놀까요?

나: ______________________________.

5) 가: 무슨 음식을 먹을까요?

나: ______________________________.

8과 <1> 오늘이 무슨 요일이에요?

어휘

1. 알맞은 단어를 골라서 (　　　) 안에 쓰십시오.

요일　　토요일　　오늘

1) (　　　　　　)과/와 일요일에는 학교에 가지 않습니다.

2) 무슨 (　　　　　　)입니까?/ㅂ니까?

3) (　　　　　　) 날씨가 좋습니다.

문법1 이에요/예요

1. 문장을 바꿔 쓰십시오.

보기 저는 의사입니다. → 저는 의사예요.

1) 제 이름은 주앙입니다. → ____________________.

2) 시월 삼 일입니다. → ____________________.

3) 이것은 지우개입니다. → ____________________.

4) 여기는 학생회관입니다. → ____________________.

5) 유키 씨는 중국 사람이 아닙니다. → ____________________.

2. 그림을 보고 대화를 만드십시오.

보기

가: 오늘이 금요일이에요?

나: 네, 금요일이에요.

1

가: 여기가 학생회관이에요?

나: 네, ____________________.

2 

가: 유키 씨는 간호사예요?

나: 아니요, ______________________.

3 

가: 어느 나라 사람이에요?

나: ______________________.

4 

가: 지금 몇 시예요?

나: ______________________.

5 

가: ______________________?

나: 저 사람은 윤아 씨예요.

문법2 -어요/아요/여요

1. 표를 완성하십시오.

	-어요/아요/여요		-어요/아요/여요
작다	보기 작아요	가다	
놀다		오다	
보다		먹다	
웃다		배우다	
재미있다		가르치다	
쓰다		예쁘다	
바쁘다		일하다	

2. 그림을 보고 대화를 만드십시오.

보기

가: 사전이 있어요?

나: 네, 사전이 있어요.

1

가: 방이 깨끗해요?

나: 네, ______________________.

2

가: 교실에 옷걸이가 있어요?

나: 아니요, ______________________.

3

가: 무엇을 만들어요?

나: ______________________.

4

가: 어디에 가요?

나: ______________________.

5

가: ______________________?

나: 아니요, 바쁘지 않아요.

8과 <2> 저녁을 먹고 무엇을 해요?

어휘

1. 알맞은 단어를 골라서 (　　　) 안에 쓰십시오.

산책　그리고　저녁　뭘　먼저　샤워하다

1) 윤아 씨, 지금 (　　　　　) 해요?

2) 이를 닦아요. (　　　　　) 자요.

3) (　　　　　) 신문을 읽고 아침을 먹어요.

4) 운동을 하고 (　　　　　)어요/아요/여요.

5) 저는 날마다 친구와 같이 (　　　　　)을/를 해요.

6) (　　　　　)을/를 먹고 텔레비전을 보고 싶어요.

문법 1　-고²

1. 한 문장으로 만드십시오.

보기 아침을 먹어요 / 이를 닦아요. → 아침을 먹고 이를 닦아요.

1) 운동을 해요 / 샤워를 해요. → ______________________.

2) 수업이 끝나요 / 집에 가요. → ______________________.

3) 숙제를 해요 / 쉬십시오. → ______________________.

4) 커피를 마셔요 / 일합시다. → ______________________.

5) 영화를 봐요 / 무엇을 할까요? → ______________________?

2. 그림을 보고 대화를 만드십시오.

보기

가: 아침을 먹고 샤워해요?

나: 네, 아침을 먹고 샤워해요.

①

가: 수업이 끝나고 점심을 먹어요?

나: 네, ______________________.

②

가: 텔레비전을 보고 숙제해요?

나: 아니요, ______________________________.

③

가: 오늘 아르바이트하고 무엇을 해요?

나: ______________________________.

④

가: 영화를 보고 무엇을 할까요?

나: ______________________________.

⑤

가: ______________________________?

나: 시험이 끝나고 노래방에 가고 싶어요.

문법2 ㄷ동사

1. 쓰십시오.

보기 음악을 들어요~~어요/아요/여요~~. (듣다)

1) 이름을 ________ 어요/아요/여요. (묻다)

2) 친구하고 같이 ________ 어요/아요/여요. (걷다)

3) 가방을 ________ 을까요/ㄹ까요? (싣다)

4) 생일에 돈을 ________ 어요/아요/여요. (받다)

5) 창문을 ________ 으십시오/십시오. (닫다)

2. 그림을 보고 대화를 만드십시오.

보기

가: 길 좀 물읍시다.

나: 네, 어디에 가고 싶습니까?

❶

가: 우리 같이 걸을까요?

나: 네, ______________________________.

❷

가: 의자를 실을까요?

나: 네, ______________________________.

❸

가: 하늘 씨가 무엇을 해요?

나: ______________________________.

❹

가: 무슨 음악을 듣고 싶어요?

나: ______________________________.

❺

가: 뭘 하고 싶어요?

나: ______________________________.

9과 <1> 축구를 하러 운동장에 가요

어휘 1. 알맞은 단어를 골라서 (   ) 안에 쓰십시오.

좀 자주 주말 축구 운동장 힘들다 축구(를) 하다

1) 토요일과 일요일은 (   )입니다.

2) 오늘 날씨가 (   ) 춥습니다.

3) 브라질 사람들이 (   )을/를 좋아해요.

4) 내일 (   )으러/러 (   )에 갈까요?

5) 아르바이트가 재미있지만 (   )어요/아요/여요.

6) 저는 한국 친구를 (   ) 만나요.

문법1 -으러/러

1. 쓰십시오.

보기 잡지를 삽니다 / 서점에 갑니다. → 잡지를 사러 서점에 갑니다.

1) 운동합니다 / 체육관에 갑니다. → ______________.

2) 책을 읽습니다 / 도서관에 갑니다. → ______________.

3) 게임을 합니다 / 피시방에 갑니다. → ______________.

4) 불고기를 먹습니다 / 식당에 갑니다. → ______________.

5) 한국말을 배웁니다 / 한국어학당에 갑니다. → ______________.

2. 그림을 보고 대화를 만드십시오.

보기 

가: 어디에 가요?

나: 공부하러 학교에 가요.

1 

가: 어디에 가요?

나: ______________.

2 

가: 어디에 가요?

나: ______________________.

3 

가: 무엇을 하러 운동장에 가요?

나: ______________________.

4 

가: 무엇을 하러 바다에 갑니까?

나: ______________________.

5 

가: ______________________?

나: ______________________.

문법2 -지만

1. 쓰십시오.

보기 한국 사람입니다 / 영어를 잘합니다. → 한국 사람이지만 영어를 잘합니다.

1) 지갑이 예쁩니다 / 비쌉니다. → ______________________.

2) 백화점이 멉니다 / 자주 갑니다. → ______________________.

3) 찜질방이 깨끗합니다 / 작습니다. → ______________________.

4) 영어 공부가 어렵습니다 / 재미있습니다. → ______________________.

5) 하숙집 방이 크지 않습니다 / 좋습니다. → ______________________.

2. 그림을 보고 대화를 만드십시오.

보기

가: 김치가 맵습니까?

나: 네, 김치가 맵지만 맛있습니다.

①

가: 지하철이 빠릅니까?

나: 네, ________________ 지만 ________________.

②

가: 집이 큽니까?

나: 네, ________________ 지만 ________________.

③

가: 겐지 씨는 일본 사람입니까?

나: 네, ________________ 지만 ________________.

④

가: 날씨가 춥습니까?

나: 네, ________________ 지만 ________________.

⑤

가: 프랑스 음식이 어떻습니까?

나: ________________________________.

9과 <2> 주말에 뭘 할 거예요?

어휘

1. 알맞은 단어를 골라서 (   ) 안에 쓰십시오.

너무   청소하다   등산하다

1) 식당에 사람이 (   ) 많아요.
2) 주말에 친구와 같이 (   )으러/러 산에 갑니다.
3) 방이 더러워요. 같이 (   )을까요/ㄹ까요?

문법1 -을/ㄹ 거예요[1]

1. 쓰십시오.

보기 냉면을 먹어요. → 냉면을 먹을 거예요.

1) 세수해요. → ______________________.
2) 신문을 읽어요. → ______________________.
3) 맥주를 마셔요. → ______________________.
4) 오후에 사무실에 가요. → ______________________.
5) 친구와 같이 비빔밥을 만들어요. → ______________________.

2. 그림을 보고 대화를 만드십시오.

보기

가: 무엇을 할 거예요?
나: ______쇼핑을 할______ ~~을/ㄹ~~ 거예요.

①

가: 주말에 스키를 타러 갈 거예요?
나: 네, ______________________ 을/ㄹ 거예요.

②

가: 한국 음식을 먹을 거예요?

나: 아니요, ______________________ 을/ㄹ 거예요.

③

가: 수업이 끝나고 뭘 할 거예요?

나: ______________________ 을/ㄹ 거예요.

④

가: 몇 시에 일어날 거예요?

나: ______________________ 을/ㄹ 거예요.

⑤

가: ______________________ 을/ㄹ 거예요?

나: ______________________ 을/ㄹ 거예요.

문법2 ㅂ동사

1. 쓰십시오.

보기 김치가 맵습니다. → 김치가 매워요.

1) 날씨가 덥습니다. → ______________________.

2) 한국말이 어렵습니다. → ______________________.

3) 아이가 귀엽습니다. → ______________________.

4) 제주도 경치가 아름답습니다. → ______________________.

5) 흐엉 씨가 친구를 돕습니다. → ______________________.

2. 그림을 보고 단어를 골라서 대화를 완성하십시오.

춥다　덥다　맵다　돕다　쉽다　어렵다　아름답다　시끄럽다

노라: 올리비아 씨, 그 곳 날씨가 어때요?

올리비아: 보기 더워요~~어요/아요/여요~~. 노르웨이 날씨는 어때요?

노라: 아주 1)__________어요/아요/여요. 올리비아 씨, 지금 무엇을 해요?

올리비아: 친구 집에서 친구들하고 같이 놀아요. 여기에 친구들이 아주 많이 있어요.

그래서 2)__________어요/아요/여요. 저는 지금 음식을 만들어요.

노라: 무슨 음식을 만들어요?

올리비아: 김치볶음밥을 만들어요.

제가 친구를 3)__________어요/아요/여요.

노라: 김치볶음밥이 4)__________어요/아요/여요?

올리비아: 아니요, 맵지 않고 맛있어요. 노라 씨는 뭘 해요?

노라: 저는 한국말 책을 읽어요.

올리비아: 한국말 책이 어려워요?

노라: 아니요, 어렵지 않아요. 5)__________어요/아요/여요.

올리비아 씨, 우리 고향 경치가 아주 6)__________어요/아요/여요.

우리 고향에 놀러 오십시오.

10과 <1> 어제 뭘 했어요?

어휘

1. 알맞은 단어를 골라서 (   )에 쓰십시오.

어제　　공원　　쉬다

1) 기숙사 근처에 (   )이/가 있어요.

2) 오늘은 5월 10일입니다. (   )은/는 5월 9일이었습니다.

3) 오늘은 학교에 가지 않아요. 집에서 (   )을/ㄹ 거예요.

문법1

-었어요/았어요/였어요

1. 쓰십시오.

보기 친구를 만납니다. → 친구를 만났습니다.

1) 날씨가 나쁩니다. → ______________________.

2) 학교가 작습니다. → ______________________.

3) 영화가 재미없습니다. → ______________________.

4) 영어를 배웁니다. → ______________________.

5) 백화점에서 쇼핑합니다. → ______________________.

2. 그림을 보고 대화를 만드십시오.

보기

가: 어제 무엇을 했어요?

나: 노래방에 갔어요.

①

가: 어제 뭘 했어요?

나: ______________________.

② 

가: 지난주에 날씨가 어땠어요?

나: ________________________________.

③ 

가: 아침에 도서관에서 무엇을 했어요?

나: ________________________________.

④ 

가: 일요일에 명동이 어땠어요?

나: ________________________________.

⑤ 

가: 운동을 하고 무엇을 했어요?

나: ________________________________.

문법2 안

1. 쓰십시오.

보기 쉬지 않습니다. → 안 쉽니다.

1) 이름을 쓰지 않습니다. → ________________________________.

2) 바쁘지 않습니다. → ________________________________.

3) 맵지 않습니다. → ________________________________.

4) 놀지 않습니다. → ________________________________.

5) 게임을 하지 않습니다. → ________________________________.

2. **대화를 만드십시오.**

보기 **가:** 일찍 자요?
나: 아니요, 일찍 안 자요.

1) **가:** 텔레비전을 봐요?
나: 아니요, ______________________.

2) **가:** 김치볶음밥이 매워요?
나: 아니요, ______________________.

3) **가:** 신문을 읽어요?
나: 아니요, ______________________.

4) **가:** 주말에 등산을 해요?
나: ______________________.

5) **가:** 어제 스키를 탔어요?
나: ______________________.

10과 <2> 콘서트를 보지 못했어요

어휘

1. 알맞은 단어를 골라서 (　　) 안에 쓰십시오.

콘서트　　왜　　시간　　표　　일찍　　예매하다

1) (　　　　　　) 한국말을 배워요?

2) 내일은 (　　　　　　) 학교에 갈 거예요.

3) 그 가수가 내일 (　　　　　　)을/를 해요.

4) (　　　　　　)이/가 있어요. 천천히 드십시오.

5) 가: 유키 씨, 영화(　　　　　　)을/를 샀어요?

나: 네, (　　　　　　)었어요/았어요/였어요.

문법1 -지 못하다

1. 쓰십시오.

보기 숙제합니다. → 숙제하지 못합니다.

1) 술을 마십니다. → ________________.

2) 영어를 읽습니다. → ________________.

3) 피자를 만듭니다. → ________________.

4) 일찍 일어났습니다. → ________________.

5) 콘서트 표를 예매했습니다. → ________________?

2. 그림을 보고 대화를 만드십시오.

보기

가: 쇼핑하러 가요?

나: 아니요, 쇼핑하러 가지 못해요.

①

가: 체육관에서 운동해요?

나: 아니요, ________________.

② 

가: 초밥을 먹어요?

나: 아니요, ______________________.

③ 

가: 콘서트 표를 예매했어요?

나: 아니요, ______________________.

④ 

가: 일요일에 스키를 탔어요?

나: ______________________.

⑤ 

가: 어제 친구하고 같이 놀았어요?

나: ______________________.

문법2 -어서/아서/여서[1]

1. 연결하고 쓰십시오.

보기	청소하다	• ······ •	좋습니다.
1)	춥다	•	방이 깨끗합니다.
2)	방이 크다	•	문을 닫습니다.
3)	영화를 좋아하다	•	옷을 줬습니다.
4)	친구 생일이다	•	자주 봅니다.
5)	내일 시험이 있다	•	공부할 거예요.

보기 청소해서 방이 깨끗합니다.

1) ______________________.

2) ______________________.

3) ______________________.

4) ______________________.

5) ______________________.

2. 대화를 만드십시오.

보기

가: 왜 한국에 왔어요?

나: 한국말을 배우고 싶어서 한국에 왔어요.

1

가: 왜 그 사람을 좋아해요?

나: ______________________________.

2

가: 왜 피곤해요?

나: ______________________________.

3

가: 왜 회사에 안 가요?

나: ______________________________.

4

가: 왜 어제 학교에 안 왔어요?

나: ______________________________.

5

가: 왜 자지 못했어요?

나: ______________________________.

모범 답안(교재)

1-1 저는 미국 사람입니다

☆ 어휘1

1) 프랑스 사람 2) 케냐 사람 3) 중국 사람
4) 한국 사람 5) 일본 사람 6) 베트남 사람
7) 호주 사람 8) 미국 사람 9) 브라질 사람

☆ 어휘2

1) 안녕히 계십시오. 2) 안녕하십니까? 3) 감사합니다.
4) 죄송합니다. 5) 괜찮습니다.

입니다

1) 흐엉입니다. 2) 유키입니다. 3) 리타오입니다.
4) 노라입니다. 5) 존입니다.

은/는[1]

1) 은 2) 는 3) 저는 4) 은, 는
5) 제 이름은 에릭입니다. 저는 미국사람입니다.

◆ 연습해 봅시다

1) 가: 안녕하십니까?
나: 네, 안녕하십니까? 제 이름은 존입니다. 케냐 사람입니다.
가: 저는 리타오입니다. 중국 사람입니다.

2) 가: 안녕하십니까?
나: 네, 안녕하십니까? 제 이름은 유키입니다. 일본 사람입니다.
가: 저는 에릭입니다. 미국 사람입니다.

3) 가: 안녕하십니까?
나: 네, 안녕하십니까? 제 이름은 레오입니다. 프랑스 사람입니다.
가: 저는 하늘입니다. 한국 사람입니다.

1-2 저는 회사원이 아닙니다

☆ 어휘

1) 학생 2) 의사 3) 간호사
4) 가수 5) 은행원 6) 요리사
7) 회사원 8) 배우 9) 기자

입니까?

1) 일본 사람입니까? 2) 선생님입니까? 3) 존입니까?
4) 미국 사람입니까? 5) 학생입니까?

이/가 아닙니다

1) 아니요, 저는 호주 사람이 아닙니다.
2) 아니요, 저는 노르웨이 사람이 아닙니다.
3) 아니요, 저는 회사원이 아닙니다.
4) 아니요, 저는 배우가 아닙니다.
5) 아니요, 저는 의사가 아닙니다.

◆ 연습해 봅시다

1) 가: 미국 사람입니까?
나: 아니요, 저는 미국 사람이 아닙니다. 호주 사람입니다.
가: 배우입니까?
나: 아니요, 저는 배우가 아닙니다. 가수입니다.

2) 가: 일본 사람입니까?
나: 아니요, 저는 일본 사람이 아닙니다. 중국 사람입니다.
가: 회사원입니까?
나: 아니요, 저는 회사원이 아닙니다. 은행원입니다.

3) 가: 케냐 사람입니까?
나: 아니요, 저는 케냐 사람이 아닙니다. 프랑스 사람입니다.
가: 간호사입니까?
나: 아니요, 저는 간호사가 아닙니다. 의사입니다.

◆ 복습

1. 1) 저는 2) 제 3) 미국 사람 4) 씨는
5) 아니요 6) 회사원 7) 학생 8) 네

2. 1) 저는 2) 미국 사람이 아닙니다.
3) 레오 씨는 요리사 4) 요리사

2-1 그것이 무엇입니까?

☆ 어휘

1) 달력 2) 옷걸이 3) 창문 4) 의자
5) 책상 6) 거울 7) 지도 8) 시계

이/가

1) 가: 친구 이름이 무엇입니까? 나: 친구 이름이 존입니다.
가: 존 씨가 학생입니까? 나: 네, 존이 학생입니다.

2) 가: 친구 이름이 무엇입니까? 나: 친구 이름이 에릭입니다.
가: 에릭 씨가 회사원입니까? 나: 네, 에릭이 회사원입니다.

3) 가: 친구 이름이 무엇입니까?
나: 친구 이름이 흐엉입니다.
가: 흐엉 씨가 베트남 사람입니까?
나: 네, 흐엉이 베트남 사람입니다.

4) 가: 친구 이름이 무엇입니까? 나: 친구 이름이 레오입니다.
가: 레오 씨가 요리사입니까? 나: 네, 레오가 요리사입니다.

5) 가: 친구 이름이 무엇입니까? 나: 친구 이름이 윤아입니다.
가: 윤아 씨가 한국사람입니까? 나: 네, 윤아가 한국사람입니다.

이, 그, 저

1) 가: 그것이 무엇입니까? 나: 이것이 책상입니다.
2) 가: 이것이 무엇입니까? 나: 이것이 시계입니다.
3) 가: 저것이 무엇입니까? 나: 저것이 거울입니다.
4) 가: 이것이 무엇입니까? 나: 그것이 달력입니다.
5) 가: 이것이 무엇입니까? 나: 이것이 의자입니다.

◆ 연습해 봅시다

1) 가: 여기가 우리교실입니까?
나: 네, 여기가 우리교실입니다.
가: 선생님, 이것이 무엇입니까?
나: 이것이 의자입니다.

2) 가: 여기가 우리교실입니까?
나: 네, 여기가 우리교실입니다.
가: 선생님, 저것이 무엇입니까?
나: 저것이 시계입니다.

3) 가: 여기가 우리교실입니까?
나: 네, 여기가 우리교실입니다.
가: 선생님, 그것이 무엇입니까?
나: 이것이 지도입니다.

2-2 책이 있습니까?

☆ 어휘

1) 연필 2) 지우개 3) 필통 4) 볼펜
5) 휴대전화 6) 가방 7) 지갑

이/가 있습니다(없습니다)

1) 가: 공책이 있습니까? 나: 아니요, 공책이 없습니다.
2) 가: 휴대전화가 있습니까? 나: 아니요, 휴대전화가 없습니다.
3) 가: 연필이 있습니까? 나: 네, 연필이 있습니다.
4) 가: 학생증이 있습니까? 나: 네, 학생증이 있습니다.
5) 가: 지우개가 있습니까? 나: 아니요, 지우개가 없습니다.

도

1) 가: 존 씨가 학생입니까? 나: 네, 존 씨가 학생입니다.
가: 리타오 씨도 학생입니까? 나: 리타오 씨도 학생입니다.
2) 가: 저것이 지도입니까? 나: 네, 저것이 지도입니다.
가: 저것도 지도입니까? 나: 네, 저것도 지도입니다.
3) 가: 이것이 시계입니까? 나: 네, 이것이 시계입니다.
가: 이것도 시계입니다. 나: 네, 이것도 시계입니다.
4) 가: 책이 있습니까? 나: 네, 책이 있습니다.
가: 공책도 있습니까? 나: 네, 공책도 있습니다.
5) 가: 지갑이 있습니까? 나: 네, 지갑이 있습니다.
가: 필통도 있습니까? 나: 네, 필통도 있습니다.

◆ 연습해 봅시다

1) 가: 책이 있습니까? 나: 네, 책이 있습니다.
가: 공책도 있습니까? 나: 네, 공책도 있습니다.
2) 가: 가방이 있습니까? 나: 네, 가방이 있습니다.
가: 지갑도 있습니까? 나: 네, 지갑도 있습니다.
3) 가: 시계가 있습니까? 나: 네, 시계가 있습니다.
가: 달력도 있습니까? 나: 네, 달력도 있습니다.

◆ 복습

1-1. 1) 교실 2) 이것이 3) 책상 4) 지우개가
5) 지갑 6) 가방이 7) 필통
1-2. 8) 공책 9) 그것이
2. 1) 가 없습니다 2) 도 있습니다
3) 저 4) 이 있습니다

3-1 은행은 학생회관 안에 있습니다

☆ 어휘1

1) 책상 위 2) 책상 뒤 3) 책상 아래 4) 책상 옆 5) 책상 안

☆ 어휘2

1) 도서관입니다. 2) 서점입니다. 3) 사무실입니다.
4) 편의점입니다. 5) 체육관입니다. 6) 기숙사입니다.
7) 우체국입니다. 8) 은행입니다. 9) 식당입니다.

에 있습니다(없습니다)

1) 가: 노라 씨가 어디에 있습니까?
나: 노라 씨가 체육관에 있습니다.
2) 가: 리타오 씨가 어디에 있습니까?
나: 리타오 씨가 식당에 있습니다.
3) 가: 올리비아 씨가 어디에 있습니까?
나: 올리비아 씨가 우체국에 있습니다.
4) 가: 유키 씨가 어디에 있습니까?
나: 유키 씨가 은행에 있습니다.
5) 가: 주앙 씨가 어디에 있습니까?
나: 주앙 씨가 기숙사에 있습니다.

은/는^2

1) 가: 주앙이 어디에 있습니까?
나: 기숙사에 있습니다.
가: 리타오도 기숙사에 있습니까?
나: 아니요, 리타오는 서점에 있습니다.
2) 가: 노라가 어디에 있습니까?
나: 체육관에 있습니다.
가: 유키도 체육관에 있습니까?
나: 아니요, 유키는 은행에 있습니다.
3) 가: 흐엉이 어디에 있습니까?
나: 사무실에 있습니다.
가: 올리비아도 사무실에 있습니까?
나: 아니요, 올리비아는 우체국에 있습니다.
4) 가: 선생님이 어디에 있습니까?
나: 한국어학당에 있습니다.
가: 존도 한국어학당에 있습니까?
나: 아니요, 존은 편의점에 있습니다.
5) 가: 우체국이 어디에 있습니까?
나: 학생회관에 있습니다.
가: 편의점도 학생회관에 있습니까?
나: 아니요, 편의점은 체육관에 있습니다.

◆ 연습해 봅시다

1) 가: 도서관이 어디에 있습니까?
나: 도서관이 기숙사 앞에 있습니다.
가: 식당은 어디에 있습니까?
나: 식당은 기숙사 옆에 있습니다.
2) 가: 한국어학당이 어디에 있습니까?
나: 한국어학당이 식당 뒤에 있습니다.
가: 은행은 어디에 있습니까?
나: 은행은 학생회관 안에 있습니다.

3) 가: 체육관이 어디에 있습니까?
나: 식당 옆에 있습니다.
가: 학생회관은 어디에 있습니까?
나: 도서관 옆에 있습니다.

3-2 기숙사 방이 아주 좋습니다

어휘

1) 시끄럽다 2) 덥다 3) 많다 4) 작다
5) 조용하다 6) 춥다 7) 적다

-습니다 / 습니까?

1) 가: 날씨가 춥습니까? 나: 네, 날씨가 춥습니다.
2) 가: 기자가 적습니까? 나: 네, 기자가 적습니다.
3) 가: 체육관이 시끄럽습니까? 나: 네, 체육관이 시끄럽습니다.
4) 가: 하늘 씨가 큽니까? 나: 네, 하늘 씨가 큽니다.
5) 가: 주앙 씨가 작습니까? 나: 네, 주앙 씨가 작습니다.

과/와 (하고)

1) 가: 가방에 무엇이 있습니까?
나: 휴대전화와 지갑이 있습니다.
2) 가: 필통에 무엇이 있습니까?
나: 연필과 지우개가 있습니다.
3) 가: 책상 위에 무엇이 있습니까?
나: 달력과 시계가 있습니다.
4) 가: 책상 아래에 무엇이 있습니까?
나: 휴지와 필통이 있습니다.
5) 가: 기숙사 밖에 무엇이 있습니까?
나: 도서관과 학생식당이 있습니다.

연습해 봅시다

1) 가: 기숙사가 어떻습니까?
나: 기숙사가 아주 큽니다.
가: 기숙사 근처에 무엇이 있습니까?
나: 도서관과 식당이 있습니다.
2) 가: 식당이 어떻습니까?
나: 식당이 아주 시끄럽습니다.
가: 식당 근처에 무엇이 있습니까?
나: 기숙사와 체육관이 있습니다.
3) 가: 체육관이 어떻습니까?
나: 체육관이 아주 덥습니다.
가: 체육관 근처에 무엇이 있습니까?
나: 식당과 편의점이 있습니다.

복습

1. 1) 밖 2) 아래 3) 적다 4) 작다
5) 춥다 6) 나쁘다 7) 조용하다
2. 1) 은행 2) 학생식당 3) 도서관
4) 기숙사 5) 어디 6) 아주
7) 근처 8) 어떻습니까? 9) 방
3. 1) 많습니다 2) 편의점은 3) 기숙사
4) 큽니까? 5) 서점과

4-1 한국말을 배웁니까?

어휘1

1) 기다립니다. 2) 만납니다. 3) 듣습니다.
4) 가르칩니다. 5) 읽습니다. 6) 배웁니다.
7) 봅니다. 8) 삽니다. 9) 마십니다.

어휘2

1) 베트남말 2) 프랑스말 3) 한국말
4) 중국말 5) 영어

에서 오다

1) 가: 레오 씨는 어디에서 왔습니까?
나: 프랑스에서 왔습니다.
2) 가: 리타오 씨는 어디에서 왔습니까?
나: 중국에서 왔습니다.
3) 가: 흐엉 씨는 어디에서 왔습니까?
나: 베트남에서 왔습니다.
4) 가: 올리비아 씨는 어디에서 왔습니까?
나: 호주에서 왔습니다.
5) 가: 유키 씨는 어디에서 왔습니까?
나: 일본에서 왔습니다.

을/를

1) 가: 올리비아 씨가 무엇을 먹습니까?
나: 빵을 먹습니다.
2) 가: 에릭 씨가 무엇을 마십니까?
나: 물을 마십니다.
3) 가: 리타오 씨가 무엇을 읽습니까?
나: 책을 읽습니다.
4) 가: 주앙 씨가 누구를 만납니까?
나: 친구를 만납니다.
5) 가: 흐엉 씨가 누구를 기다립니까?
나: 노라 씨를 기다립니다.

연습해 봅시다

1) 가: 저분이 누구입니까?
나: 제 친구 흐엉 씨입니다. 베트남에서 왔습니다.
가: 흐엉 씨가 지금 무엇을 합니까?
나: 책을 읽습니다.
2) 가: 저분이 누구입니까?
나: 제 친구 유키 씨입니다. 일본에서 왔습니다.
가: 유키 씨가 지금 무엇을 합니까?
나: 친구를 기다립니다.
3) 가: 저분이 누구입니까?
나: 제 친구 올리비아 씨입니다. 호주에서 왔습니다.
가: 올리비아 씨가 지금 무엇을 합니까?
나: 시계를 삽니다.

4-2 주앙 씨와 같이 게임을 합니다

☆ 어휘1

1) 피시방　2) 찜질방　3) 문구점
4) 꽃집　5) 빵집　6) 노래방

☆ 어휘2

1) 에릭 씨가 일합니다.
2) 리타오 씨가 아르바이트합니다.
3) 에릭 씨가 운동합니다.
4) 리타오 씨가 게임합니다.
5) 에릭 씨와 리타오 씨가 식사합니다.
6) 에릭 씨와 리타오 씨가 노래합니다.

에서

1) 가: 어디에서 밥을 먹습니까?
나: 식당에서 밥을 먹습니다.
2) 가: 어디에서 친구를 만납니까?
나: 학생회관에서 친구를 만납니다.
3) 가: 어디에서 공부합니까?
나: 도서관에서 공부합니다.
4) 가: 어디에서 노래합니까?
나: 노래방에서 노래합니다.
5) 가: 어디에서 아르바이트합니까?
나: 꽃집에서 아르바이트를 합니다.

과/와 같이

1) 가: 누구와 같이 음악을 듣습니까?
나: 흐엉과 같이 음악을 듣습니다.
2) 가: 누구와 같이 책을 읽습니까?
나: 에릭과 같이 책을 읽습니다.
3) 가: 누구와 같이 텔레비전을 봅니까?
나: 윤아가 같이 텔레비전을 봅니다.
4) 가: 누구와 같이 커피를 마십니까?
나: 선생님과 같이 커피를 마십니다.
5) 가: 누구와 같이 운동을 합니까?
나: 노라와 같이 운동을 합니다.

◆ 연습해 봅시다

1) 가: 존 씨, 어디에서 운동을 합니까?
나: 저는 체육관에서 운동을 합니다.
가: 누구와 같이 운동합니까?
나: 리타오 씨와 같이 운동합니다.
2) 가: 흐엉 씨, 어디에서 가방을 삽니까?
나: 저는 백화점에서 가방을 삽니다.
가: 누구와 같이 가방을 삽니까?
나: 올리비아 씨와 같이 가방을 삽니다.
3) 가: 에릭 씨, 어디에서 식사를 합니까?
나: 저는 식당에서 식사를 합니다.
가: 누구와 같이 식사합니까?
나: 선생님과 같이 식사합니다.

◆ 복습

1. 1) 왔습니다.　2) 한국말을　3) 배웁니다.
4) 게임을　5) 합니까?　6) 날마다
7) 피시방

2. 1) 에서　2) 를　3) 에서　4) 와 같이

5-1 고향에 갑니다

☆ 어휘1

1) 윤아 씨가 고향에 갑니다.
2) 윤아 씨가 고향 친구를 만납니다.
3) 윤아 씨가 고향 음식을 먹습니다.
4) 윤아 씨가 산에 갑니다.
5) 윤아 씨가 바다에서 수영을 합니다.

☆ 어휘2

1) 어디　2) 누구와　3) 무엇을　4) 언제
5) 어디　6) 무엇이　7) 누가　8) 어디가

에 가다

1) 가: 노라 씨가 어디에 갑니까?　나: 체육관에 갑니다.
2) 가: 유키 씨가 어디에 갑니까?　나: 백화점에 갑니다.
3) 가: 흐엉 씨가 어디에 갑니까?　나: 식당에 갑니다.
4) 가: 주앙 씨가 어디에 갑니까?　나: 도서관에 갑니다.
5) 가: 존 씨가 어디에 갑니까?　나: 기숙사에 갑니다.

-고 싶다

1) 가: 한국에서 무엇을 하고 싶습니까?
나: 한국 음식을 먹고 싶습니다.
2) 가: 한국에서 무엇을 하고 싶습니까?
나: 막걸리를 마시고 싶습니다.
3) 가: 한국에서 무엇을 하고 싶습니까?
나: 한국말을 배우고 싶습니다.
4) 가: 한국에서 무엇을 하고 싶습니까?
나: 찜질방에 가고 싶습니다.
5) 가: 한국에서 무엇을 하고 싶습니까?
나: 한국 가수 시디(CD)를 사고 싶습니다.

◆ 연습해 봅시다

1) 가: 레오 씨, 어디에 갑니까?
나: 파리에 갑니다.
가: 레오 씨는 파리에서 무엇을 하고 싶습니까?
나: 저는 가족을 만나고 싶습니다.
2) 가: 노라 씨, 어디에 갑니까?
나: 부산에 갑니다.
가: 노라 씨는 부산에서 무엇을 하고 싶습니까?
나: 저는 수영을 하고 싶습니다.
3) 가: 주앙 씨, 어디에 갑니까?
나: 리우데자네이루에 갑니다.
가: 주앙 씨는 리우데자네이루에서 무엇을 하고 싶습니까?
나: 저는 브라질 커피를 마시고 싶습니다.

5-2 하와이는 조용하고 아름답습니다

☆ 어휘

여자: 아름답습니다. / 친절합니다. / 한가합니다. / 재미없습니다.
남자: 복잡합니다. / 더럽습니다. / 바쁩니다. / 예쁩니다. / 재미있습니다.

-지 않다

1) 가: 책상이 깨끗합니까?
나: 아니요, 책상이 깨끗하지 않습니다.

2) 가: 책이 많습니까?
나: 아니요, 책이 많지 않습니다.

3) 가: 방이 조용합니까?
나: 아니요, 방이 조용하지 않습니다.

4) 가: 리타오 씨가 책을 읽습니까?
나: 아니요, 리타오 씨가 책을 읽지 않습니다.

5) 가: 하늘 씨가 텔레비전을 봅니까?
나: 아니요, 하늘 씨가 텔레비전을 보지 않습니다.

-고[1]

1) 네, 시끄럽고
2) 네, 예쁘고 친절합니다.
3) 크고 예쁩니다.
4) 작고 더럽습니다.
5) 남자는 커피를 마시고 여자는 책을 읽습니다.

◆ 연습해 봅시다

1) 가: 고향이 어디입니까?
나: 춘천입니다.
가: 제 고향은 큽니다. 춘천은 어떻습니까?
나: 춘천은 크지 않습니다. 작고 조용합니다.

2) 가: 고향이 어디입니까?
나: 샌프란시스코입니다.
가: 제 고향은 덥습니다. 샌프란시스코는 어떻습니까?
나: 샌프란시스코는 덥지 않습니다. 날씨가 좋고 깨끗합니다.

3) 가: 고향이 어디입니까?
나: 오키나와입니다.
가: 제 고향은 복잡합니다. 오키나와는 어떻습니까?
나: 오키나와는 복잡하지 않습니다. 조용하고 아름답습니다.

◆ 복습

1. 1) 바다가 2) 수영을 3) 산
4) 호수가 5) 아름답습니다. 6) 서울
7) 복잡합니다. 8) 친절합니다. 9) 바쁩니다.

2. 1) 춘천 2) 아름답고 깨끗합니다.
3) 사람이 많 4) 닭갈비를 먹

6-1 저는 날마다 아홉 시부터 한 시까지 공부합니다

☆ 어휘

1) 여덟 시 2) 열 시 반 3) 한 시
4) 세 시 반 5) 다섯 시 반 6) 아홉 시
7) 열한 시

에[1]

1) 가: 몇 시에 아침을 먹습니까?
나: 여덟 시 반에 아침을 먹습니다.

2) 가: 몇 시에 공부를 합니까?
나: 아홉 시에 공부를 합니다.

3) 가: 몇 시에 친구를 만납니까?
나: 한 시 반에 친구를 만납니다.

4) 가: 몇 시에 숙제를 합니까?
나: 두 시에 숙제룰 합니다.

5) 가: 몇 시에 집에 갑니까?
나: 다섯 시에 집에 갑니다.

부터 까지

1) 가: 몇 시부터 몇 시까지 음악을 듣습니까?
나: 열두 시 반부터 두 시까지 음악을 듣습니다.

2) 가: 몇 시부터 몇 시까지 아르바이트를 합니까?
나: 세 시부터 다섯 시까지 아르바이트를 합니다.

3) 가: 몇 시부터 몇 시까지 운동을 합니까?
나: 다섯 시 반부터 여섯 시 반까지 운동을 합니다.

4) 가: 몇 시부터 몇 시까지 책을 읽습니까?
나: 일곱 시부터 여덟 시 반까지 책을 읽습니다.

5) 가: 몇 시부터 몇 시까지 잡니까?
나: 열두 시부터 여섯 시까지 잡니다.

◆ 연습해 봅시다

1) 가: 유키 씨, 몇 시부터 몇 시까지 점심을 먹습니까?
나: 한 시부터 두 시까지 점심을 먹습니다.
가: 몇 시에 백화점에 갑니까?
나: 세 시에 백화점에 갑니다.

2) 가: 에릭 씨, 몇 시부터 몇 시까지 일합니까?
나: 아홉 시부터 다섯 시까지 일합니다.
가: 몇 시에 집에 갑니까?
나: 다섯 시 반에 집에 갑니다.

3) 가: 윤아 씨, 몇 시부터 몇 시까지 영어공부를 합니까?
나: 열 시부터 한 시까지 영어공부를 합니다.
가: 몇 시에 식당에 갑니까?
나: 여섯 시에 식당에 갑니다.

6-2 집에서 숙제를 하십시오

☆ 어휘

1) 저는 아홉 시부터 열 시 사십 분까지 시험을 봅니다.
2) 저는 두 시 십오 분에 복습합니다.
3) 저는 다섯 시 이십 분에 커피를 마십니다.
4) 저는 오후 아홉 시 오십삼 분에 운동합니다.
5) 저는 오후 열한 시 이십칠 분에 음악을 듣습니다.

-으십시오/십시오

1) 올리비아 씨, 주무십시오.
2) 레오 씨, 빵을 드십시오.
3) 흐엉 씨, 물을 드십시오.
4) 존 씨, 공부하십시오.
5) 리타오 씨, 가방을 사십시오.

-을까요/ㄹ까요?[1]

1) 제가 빵을 먹을까요?
2) 제가 이 커피를 마실까요?
3) 제가 __씨 집에 갈까요?
4) 제가 문을 닫을까요?
5) 제가 살까요?

◆ 연습해 봅시다

1) 가: 이름을 쓰십시오.
   나: 어디에 이름을 쓸까요?
   가: 여기에 이름을 쓰십시오.
   나: 네, 알겠습니다.

2) 가: 시험을 보십시오.
   나: 몇 시부터 몇 시까지 시험을 볼까요?
   가: 열 시부터 열 시 오십 분까지 시험을 보십시오.
   나: 네, 알겠습니다.

3) 가: 예습하십시오.
   나: 몇 쪽을 예습할까요?
   가: 24쪽을 예습하십시오.
   나: 네, 알겠습니다.

◆ 복습

1. 1) 두 시 삼십오 분 2) 네 시 삼십팔 분
   3) 오후 일곱 시 사십 분 4) 오전 열한 시 십육 분
   5) 십 쪽 6) 육십삼 쪽

2. 1) 시 2) 아홉 3) 반 4) 보통
   5) 숙제를 6) 대화를 7) 번 8) 점심을
   9) 수업이 10) 한 11) 알겠습니다

3. 1) 아홉 시부터 한 시까지 한국말을 배웁니다.
   2) 기다릴까요?
   3) 기다리십시오.

7-1 무슨 음식을 좋아합니까?

☆ 어휘

1) 냉면 2) 불고기 3) 삼계탕 4) 우동
5) 초밥 6) 짬뽕 7) 자장면 8) 피자
9) 샌드위치 10) 녹차 11) 유자차 12) 딸기
13) 사과

무슨

1) 가: 무슨 음식을 좋아합니까?
   나: 불고기를 좋아합니다.

2) 가: 무슨 과일을 좋아합니까?
   나: 딸기를 좋아합니다.

3) 가: 무슨 운동을 좋아합니까?
   나: 수영을 좋아합니다.

4) 가: 무슨 노래를 좋아합니까?
   나: 한국 노래를 좋아합니다.

5) 가: 무슨 영화를 좋아합니까?
   나: 액션 영화를 좋아합니다.

ㄹ동사

	-습니다/ㅂ니다	-습니까?/ㅂ니까?	-지 않습니다	-고 싶습니다	-으십시오/십시오
달다	답니다	답니까?	달지 않습니다		
멀다	멉니다	멉니까?	멀지 않습니다		
길다	깁니다	깁니까?	길지 않습니다		
놀다	놉니다	놉니까?	놀지 않습니다	놀고 싶습니다	노십시오
살다	삽니다	삽니까?	살지 않습니다	살고 싶습니다	사십시오
알다	압니다	압니까?	*모릅니다	알고 싶습니다	아십시오
열다	엽니다	엽니까?	열지 않습니다	열고 싶습니다	여십시오
만들다	만듭니다	만듭니까?	만들지 않습니다	만들고 싶습니다	만드십시오

1) 존 씨가 창문을 엽니다.
2) 레오 씨가 삼계탕을 만듭니까?
3) 삼계탕이 달지 않습니다.
4) 레오 씨가 기숙사에 삽니까?
5) 레오 씨 집이 학교에서 멉니까?
6) 레오 씨 집이 학교에서 멀지 않습니다.

◆ 연습해 봅시다

1) 가: 일본 음식을 좋아합니까?
   나: 네, 좋아합니다.
   가: 무슨 음식을 좋아합니까?
   나: 초밥을 좋아합니다. 아주 맛있습니다.

2) 가: 중국 음식을 좋아합니까?
   나: 네, 좋아합니다.
   가: 무슨 음식을 좋아합니까?
   나: 자장면을 좋아합니다. 아주 맛있습니다.

3) 가: 서양 음식을 좋아합니까?
   나: 네, 좋아합니다.
   가: 무슨 음식을 좋아합니까?
   나: 피자를 좋아합니다. 피자가 아주 맛있습니다.

7-2 무엇을 시킬까요?

☆ 어휘

1) 여섯 그릇 2) 두 판 3) 네 줄 4) 세 마리
5) 다섯 병 6) 커피 한 잔 7) 샌드위치 한 개

-을까요?/ㄹ까요?[2]

1) 가: 배가 고픕니다. 나: 같이 피자를 먹을까요?
2) 가: 숙제가 많습니다. 나: 같이 숙제할까요?
3) 가: 시험이 있습니다. 나: 같이 공부할까요?
4) 가: 김밥을 먹고 싶습니다. 나: 같이 김밥을 만들까요?
5) 가: 가방을 사고 싶습니다. 나: 같이 백화점에 갈까요?

-읍시다/ㅂ시다

1) 가: 커피를 마실까요? 나: 네, 커피를 마십시다.
2) 가: 영화를 볼까요? 나: 네, 영화를 봅시다.
3) 가: 노래방에 갈까요? 나: 네, 노래방에 갑시다.
4) 가: 게임을 할까요? 나: 네, 게임을 합시다.
5) 가: 맥주를 마실까요? 나: 아니요, 맥주를 마시지 맙시다.

◆ **연습해 봅시다**

1) 가: 무엇을 시킬까요?
나: 이 식당은 삼겹살과 비빔밥이 맛있습니다.
가: 그럼 삼겹살과 비빔밥을 시킵시다.
나: 네, 좋습니다. 여기요, 삼겹살 삼 인분하고 비빔밥 두 그릇 주십시오.

2) 가: 무엇을 시킬까요?
나: 이 식당은 삼계탕이 맛있습니다.
가: 그럼 삼계탕을 시킵시다.
나: 네, 좋습니다. 여기요, 삼계탕 두 그릇 주십시오.

3) 가: 무엇을 시킬까요?
나: 여기는 녹차가 맛있습니다.
가: 그럼 녹차를 시킵시다.
나: 네, 좋습니다. 여기요, 녹차 두 잔 주십시오.

◆ **복습**

1. 보기

1) 냉면		잔
2) 커피		개
3) 맥주		병
4) 삼겹살		인분
5) 샌드위치		그릇

2. 1) 좋아합니까? 2) 무슨 3) 불고기가
4) 그럼 5) 시킵시다. 6) 여기요
7) 주십시오. 8) 만듭니다. 9) 맛있습니다.

3. 1) 갈까요? 2) 멉니까? 3) 멀 4) 갑시다.

8-1 오늘이 무슨 요일이에요?

☆ **어휘**

1) 가: 내일이 몇 월 며칠입니까?
나: 십이월 팔 일입니다.
가: 무슨 요일입니까?
나: 목요일입니다.

2) 가: 친구 생일이 몇 월 며칠입니까?
나: 십이월 십 일입니다.
가: 무슨 요일입니까?
나: 토요일입니다.

3) 가: 동생 생일이 몇 월 며칠입니까?
나: 십이월 십구 일입니다.
가: 무슨 요일입니까?
나: 월요일입니다.

4) 가: 시험이 몇 월 며칠입니까?
나: 십이월 이십이 일입니다.
가: 무슨 요일입니까?
나: 목요일입니다.

5) 가: 크리스마스가 몇 월 며칠입니까?
나: 십이월 이십오 일입니다.
가: 무슨 요일입니까?
나: 일요일입니다.

이에요/예요

1) 금요일이에요. 2) 레오예요. 3) 가방이에요.
4) 지도예요. 5) 김밥이에요.

-어요/아요/여요

1) 수박을 먹어요. 2) 수영해요. 3) 콜라를 마셔요.
4) 날씨가 좋아요. 5) 네, 많아요.

◆ **연습해 봅시다**

1) 가: 오늘이 몇 월 며칠이에요?
나: 유월 사 일이에요.
가: 무슨 요일이에요?
나: 일요일이에요.
가: 오늘 무엇을 해요?
나: 영화를 봐요.

2) 가: 오늘이 몇 월 며칠이에요?
나: 삼월 삼십 일이에요.
가: 무슨 요일이에요?
나: 토요일이에요.
가: 오늘 무엇을 해요?
나: 친구를 만나요.

3) 가: 오늘이 몇 월 며칠이에요?
나: 시월 구 일이에요.
가: 무슨 요일이에요?
나: 월요일이에요.
가: 오늘 무엇을 해요?
나: 한국말을 공부해요.

8-2 저녁을 먹고 무엇을 해요?

☆ **어휘**

1) 세수해요. 2) 이를 닦아요. 3) 저녁을 먹어요.
4) 컴퓨터를 해요. 5) 샤워해요. 6) 자요.

-고^{2}

1) 가: 점심을 먹고 무엇을 해요?
나: 점심을 먹고 아르바이트를 해요.

2) 가: 아르바이트를 하고 무엇을 해요?
나: 아르바이트를 하고 운동을 해요.

3) 가: 운동을 하고 무엇을 해요?
나: 운동을 하고 친구를 만나요.

4) 가: 친구를 만나고 무엇을 해요?
나: 친구를 만나고 숙제를 해요.

5) 가: 숙제를 하고 무엇을 해요?
나: 숙제를 하고 텔레비전을 봐요.

ㄷ동사

	-습니다/ㅂ니다	-어요/아요/여요	-을까요/ㄹ까요?	-으십시오/십시오	-읍시다/ㅂ시다
걷다	걷습니다	걸어요	걸을까요?	걸으십시오	걸읍시다
듣다	듣습니다	들어요	들을까요?	들으십시오	들읍시다
묻다	묻습니다	물어요	물을까요?	물으십시오	물읍시다
싣다	싣습니다	실어요	실을까요?	실으십시오	실읍시다
*닫다	닫습니다	닫아요	닫을까요?	닫으십시오	닫읍시다
*받다	받습니다	받아요	받을까요?	받으십시오	받읍시다

1) 가: 레오 씨가 무엇을 해요?
나: 레오 씨가 공원을 걸어요.
2) 가: 주앙 씨가 무엇을 해요?
나: 주앙 씨가 음악을 들어요.
3) 가: 존 씨가 무엇을 해요?
나: 존 씨가 공을 받아요.
4) 가: 윤아 씨가 무엇을 해요?
나: 윤아 씨가 문을 닫아요.
5) 가: 하늘 씨가 무엇을 해요?
나: 하늘 씨가 물건을 실어요.

◆ 연습해 봅시다

1) 가: 일이 끝나고 무엇을 해요?
나: 저는 일이 끝나고 저녁을 먹어요.
가: 저녁을 먹고 무엇을 해요?
나: 저녁을 먹고 텔레비전을 봐요.

2) 가: 아침을 먹고 무엇을 해요?
나: 저는 아침을 먹고 운동을 해요.
가: 운동을 하고 무엇을 해요?
나: 운동을 하고 샤워해요.

3) 가: 아르바이트를 하고 무엇을 해요?
나: 저는 아르바이트를 하고 숙제를 해요.
가: 숙제를 하고 무엇을 해요?
나: 숙제를 하고 컴퓨터를 해요.

◆ 복습

1. 1) 요일이에요? 2) 뭘 3) 저녁을 4) 먼저
5) 그리고 6) 산책을 7) 토요일

2. 1) 점심을 먹고 2) 20일이에요. 3) 들어요.

9-1 축구를 하러 운동장에 가요

☆ 어휘

1) 운동장에서 축구를 해요.
2) 수영장에서 수영을 해요.
3) 골프장에서 골프를 쳐요.
4) 스키장에서 스키를 타요.
5) 바다에서 서핑을 해요.
6) 테니스장에서 테니스를 쳐요.
7) 스케이트장에서 스케이트를 타요.
8) 스키장에서 스노보드를 타요.
9) 농구장에서 농구를 해요.

-으러/러

1) 가: 유키 씨, 어디에 가요?
나: 저는 공부하러 도서관에 가요.
2) 가: 레오 씨, 어디에 가요?
나: 저는 냉면을 먹으러 식당에 가요.
3) 가: 에릭 씨, 어디에 가요?
나: 저는 일하러 회사에 가요.
4) 가: 흐엉 씨, 어디에 가요?
나: 저는 책을 사러 서점에 가요.
5) 가: 노라 씨, 어디에 가요?
나: 저는 태권도를 하러 체육관에 가요.

-지만

1) 가: 백화점이 멉니까?
나: 네, 백화점이 멀지만 자주 갑니다.
2) 가: 가방이 예쁩니까?
나: 네, 가방이 예쁘지만 비쌉니다.
3) 가: 노라 씨는 돈이 많습니까?
나: 네, 돈이 많지만 가방을 사지 않습니다.
4) 가: 노라 씨 친구가 미국 사람입니까?
나: 네, 노라 씨 친구가 미국 사람이지만 한국말을 잘합니다.
5) 가: 음식이 맵습니까?
나: 네, 음식이 맵지만 맛있습니다.

◆ 연습해 봅시다

1) 가: 주말에 뭘 해요? 나: 공부하러 도서관에 가요.
가: 그 도서관이 어때요? 나: 조용하지만 멀어요.
2) 가: 주말에 뭘 해요? 나: 가방을 사러 백화점에 가요.
가: 그 백화점이 어때요? 나: 물건이 좋지만 비싸요.
3) 가: 주말에 뭘 해요? 나: 노래를 하러 노래방에 가요.
가: 그 노래방이 어때요? 나: 깨끗하지만 사람이 많아요.

9-2 주말에 뭘 할 거예요?

☆ 어휘1

1) 가: 주말에 뭘 해요? 나: 청소해요.
2) 가: 주말에 뭘 해요? 나: 등산해요.
3) 가: 주말에 뭘 해요? 나: 빨래해요.
4) 가: 주말에 뭘 해요? 나: 데이트해요.
5) 가: 주말에 뭘 해요? 나: 쇼핑해요.

☆ 어휘2

1) 조금 2) 너무 3) 조금 4) 많이

-을/ㄹ 거예요[1]

1) 가: 내일 뭘 할 거예요? 나: 저는 스키를 탈 거예요.
2) 가: 내일 뭘 할 거예요? 나: 저는 책을 읽을 거예요.
3) 가: 내일 뭘 할 거예요? 나: 저는 노래방에 갈 거예요.
4) 가: 내일 뭘 할 거예요? 나: 저는 피자를 만들 거예요.
5) 가: 내일 뭘 할 거예요? 나: 저는 데이트할 거예요.

ㅂ동사

	-습니다 /ㅂ니다	-어요/아요/여요	-지 않아요
덥다	덥습니다	더워요	덥지 않아요
춥다	춥습니다	추워요	춥지 않아요
쉽다	쉽습니다	쉬워요	쉽지 않아요
어렵다	어렵습니다	어려워요	어렵지 않아요
맵다	맵습니다	매워요	맵지 않아요
반갑다	반갑습니다	반가워요	반갑지 않아요
더럽다	더럽습니다	더러워요	더럽지 않아요
귀엽다	귀엽습니다	귀여워요	귀엽지 않아요
시끄럽다	시끄럽습니다	시끄러워요	시끄럽지 않아요
아름답다	아름답습니다	아름다워요	아름답지 않아요
돕다	돕습니다	도와요	돕지 않아요
*입다	입습니다	입어요	입지 않아요
*좁다	좁습니다	좁아요	좁지 않아요

1) 가: 날씨가 더워요? 나: 네, 날씨가 더워요.
2) 가: 경치가 아름다워요? 나: 네, 경치가 아름다워요.
3) 가: 운동장이 시끄러워요? 나: 네, 운동장이 시끄러워요.
4) 가: 중국말이 어려워요? 나: 네, 중국말이 어려워요.
5) 가: 아이가 귀여워요? 나: 네, 아이가 귀여워요.

◆ 연습해 봅시다

1) 가: 주말에 뭘 할 거예요?
나: 저는 숙제할 거예요. 존 씨는요?
가: 저는 빨래할 거예요.

2) 가: 주말에 뭘 할 거예요?
나: 저는 쇼핑할 거예요. 주앙 씨는요?
가: 저는 축구를 할 거예요.

3) 가: 주말에 뭘 할 거예요?
나: 저는 등산할 거예요. 리타오 씨는요?
가: 저는 데이트할 거예요.

◆ 복습

1. 1) 주말 2) 청소합니다. 3) 좀
4) 데이트합니다. 5) 쇼핑하 6) 축구를
7) 운동장 8) 등산하러 9) 자주
10) 힘들

2. 1) 아르바이트하러 편의점에 가요.
2) 힘들지만 재미있어요.
3) 이번 주말에 무엇을 할 거예요?
4) 추워요.

10-1 어제 뭘 했어요?

☆ 어휘

1) 어제 2) 내일 3) 모레
4) 지난주 5) 다음 주 6) 다음 달

-었어요/았어요/였어요

1) 많았어요. 2) 쇼핑했어요. 3) 샀어요.
4) 먹고 5) 마셨어요. 6) 맛있었어요

안

1) 흐엉 씨가 술을 안 마셔요.
2) 유키 씨가 음식을 안 먹어요.
3) 레오 씨가 음악을 안 들어요.
4) 올리비아 씨가 노래를 안 해요.
5) 날씨가 안 좋아요.

◆ 연습해 봅시다

1) 가: 흐엉 씨, 어제 뭘 했어요?
나: 공부하러 도서관에 갔어요.
가: 오늘도 공부하러 가요?
나: 아니요, 오늘은 안 가요.

2) 가: 리타오 씨, 어제 뭘 했어요?
나: 농구를 했어요.
가: 오늘도 농구를 해요?
나: 아니요, 오늘은 안 해요.

3) 가: 존 씨, 어제 뭘 했어요?:
나: 테니스를 쳤어요.
가: 오늘도 테니스를 쳐요?
나: 아니요, 오늘은 안 쳐요.

10-2 콘서트를 보지 못했어요

☆ 어휘1

1) 가: 다음 달에 고향에 갈 거예요.
나: 비행기 표를 예매하십시오.

2) 가: 방학에 친구와 같이 제주도에 갈 거예요.
나: 호텔을 예약하십시오.

3) 가: 부산에 가고 싶어요.
나: 기차표를 예매하십시오.

4) 가: 프랑스 식당에서 데이트하고 싶어요.
나: 식당을 예약하십시오.

5) 가: 콘서트에 가고 싶어요.
나: 콘서트 표를 예매하십시오.

6) 가: 일요일에 영화를 볼 거예요.
나: 영화표를 예매하십시오.

☆ 어휘2

1) 천천히 2) 일찍 3) 늦게

-지 못하다

1) 테니스를 치지 못해요.
2) 밥을 먹지 못해요.
3) 산책을 하지 못해요.
4) 내일 학교에 가지 못해요.
5) 샤워를 하지 못해요.

-어서/아서/여서1

1) 일이 많아서 숙제를 하지 못 해요.
2) 밖이 시끄러워서 창문을 닫아요.
3) 비가 와서 등산을 가지 못해요.

4) 잠을 자지 못해서 피곤해요.
5) 아침을 먹지 않아서 김밥을 샀어요.

◆ 연습해 봅시다

1) 가: 병원을 예약했어요?
나: 아니요, 예약하지 못했어요.
가: 왜 병원을 예약하지 못했어요?
나: 늦게 전화해서 예약하지 못했어요.

2) 가: 식당을 예약했어요?
나: 아니요, 식당을 예약하지 못했어요.
가: 왜 식당을 예약하지 못했어요?
나: 식당이 문을 닫아서 예약하지 못했어요.

3) 가: 기차표를 예매했어요?
나: 아니요, 기차표를 예매하지 못했어요.
가: 왜 기차표를 예매하지 못했어요?
나: 표가 없어서 예매하지 못했어요.

◆ 복습

1. 1) 어제 2) 공원 3) 산책을 4) 내일
5) 병원 6) 시간이 7) 콘서트를 8) 표를
9) 예매할까요?

2. 1) 대학생이었어요 2) 배웠어요 3) 잘하
4) 잘하고 싶어서 5) 보

연습 문제 답안

1-1 저는 미국 사람입니다

☆ 어휘

1. 1) 제　2) 저　3) 이름　4) 네　5) 미국 사람
   6) 안녕하십니까?

입니다

1. 1) 미국 사람입니다.　2) 노라입니다.
   3) 이윤아입니다.　4) 중국 사람입니다.
   5) 프랑스 사람입니다.
2. 1) 한국입니다.　2) 에릭입니다.
   3) 베트남 사람입니다.　4) 일본 사람입니다.
   5) 호주 사람입니다.

은/는¹

1. 1) 은　2) 는　3) 은　4) 은　5) 는
2. 1) 하늘은 학생입니다.　2) 저는 올리비아입니다.
   3) 제 이름은 리타오입니다.　4) 유키는 일본 사람입니다.
   5) 존은 케냐 사람입니다.

1-2 저는 회사원이 아닙니다

☆ 어휘

1. 1) 씨　2) 회사원　3) 학생　4) 아니요

입니까?

1. 1) 학생입니까?　2) 기자입니까?
   3) 은행원입니까?　4) 간호사입니까?
   5) 일본 사람입니까?
2. 1) 회사원입니까?　2) 가수입니까?
   3) 일본 사람입니까?　4) 선생님입니까?
   5) 가: 은행원입니까?
      나: 네, 저는 은행원입니다.

이/가 아닙니다

1. 1) 이　2) 이　3) 가　4) 이　5) 가
2. 1) 흐엉 씨가 아닙니다.　2) 간호사가 아닙니다.
   3) 학생이 아닙니다.　4) 브라질이 아닙니다.
   5) 가: 미국입니까?
      나: 아니요, 미국이 아닙니다.

2-1 그것이 무엇입니까?

☆ 어휘

1. 1) 그것　2) 이것　3) 여기　4) 교실　5) 우리
   6) 컴퓨터　7) 무엇

이/가

1. 1) 가　2) 이　3) 이　4) 가　5) 이
2. 1) 저것이 제 휴대전화입니다.　2) 친구가 회사원입니다.
   3) 이 사람이 노라 씨입니다.　4) 레오 씨가 요리사입니다.
   5) 이것이 책상입니다.

이, 그, 저

1. 1) 저　2) 그　3) 이　4) 그　5) 저
2. 1) 책입니다.
   2) 저것이 옷걸이입니다.
   3) 이 사람이 유키 씨입니다.
   4) 저 사람이 중국 사람입니까?
   5) 가: 그것이 무엇입니까?
      나: 이것이 달력입니다.

2-2 책이 있습니까?

☆ 어휘

1. 1) 책　2) 공책　3) 있다　4) 없다

이/가 있습니다(없습니다)

1. 1) 지갑이 있습니다.　2) 공책이 없습니다.
   3) 연필이 있습니다.　4) 옷걸이가 있습니다.
   5) 시계가 없습니다.
2. 1) 네, 책이 있습니다.
   2) 아니요, 휴대전화가 없습니다.
   3) 네, 옷걸이가 있습니다.
   4) 지갑이 있습니까?
   5) 가: 컴퓨터가 있습니까?
      나: 아니요, 컴퓨터가 없습니다.

도

1. 1) 도　2) 도　3) 도　4) 도　5) 도
2. 1) 나: 네, 프랑스 사람이 있습니다.
      나: 네, 중국 사람도 있습니다.
   2) 나: 네, 연필이 있습니다.
      나: 네, 볼펜도 있습니다.
   3) 가: 의자가 있습니까?
      가: 책상도 있습니까?
   4) 가: 한국 사람도 있습니까?
      나: 네, 한국 사람도 있습니다.
   5) 가: 지도가 있습니까?
      나: 네, 지도가 있습니다.
      가: 달력도 있습니까?
      나: 네, 달력도 있습니다.

3-1 은행은 학생회관 안에 있습니다

☆ 어휘

1. 1) 도서관　2) 은행　3) 학생회관
   4) 어디　5) 안　6) 앞

에 있습니다 (없습니다)

1. 1) 볼펜이 필통에 있습니다.
   2) 지갑이 가방에 있습니다.
   3) 지도가 교실에 있습니다.
   4) 은행이 학생회관 안에 있습니다.
   5) 기숙사가 학생식당 앞에 있습니다.
2. 1) 있습니다.
   2) 없습니다.
   3) 흐엉 씨가 서점에 있습니다.
   4) 책상 위에 공책이 있습니다.
   5) 식당이 우체국 옆에 있습니다.

은/는²

1. 1) 간호사가 있습니다. 의사는 없습니다.
   2) 태국 친구가 있습니다. 일본 친구는 없습니다.
   3) 이것이 볼펜입니다. 저것은 볼펜이 아닙니다.
   4) 이 사람이 학생입니다. 저 사람은 학생이 아닙니다.
   5) 기숙사가 체육관 앞에 있습니다.
      도서관은 체육관 뒤에 있습니다.
2. 1) 는 미국 사람이 아닙니다.
   2) 은 공책이 아닙니다.
   3) 은 없습니다.
   4) 은행은 없습니다.
   5) 아니요, 편의점은 없습니다.

3-2 기숙사 방이 아주 좋습니다

☆ 어휘

1. 1) 아주 2) 좋습니다. 3) 근처
   4) 방 5) 어떻습니까?

-습니다/습니까?

1.

	-습니다	-습니까?
크다	보기 큽니다	큽니까?
작다	작습니다	작습니까?
많다	많습니다	많습니까?
적다	적습니다	적습니까?
덥다	덥습니다	덥습니까?
춥다	춥습니다	춥습니까?
좋다	좋습니다	좋습니까?
나쁘다	나쁩니다	나쁩니까?
조용하다	조용합니다	조용합니까?
시끄럽다	시끄럽습니다	시끄럽습니까?

2. 1) 학교가 좋습니다. 2) 기숙사가 춥습니다.
   3) 그 가방이 큽니다. 4) 조용합니까?
   5) 아니요, 학생이 적습니다.

과/와(하고)

1. 1) 유키와 노라입니다.
   2) 달력과 시계가 있습니다.
   3) 책상 위에 책과 공책이 있습니다.
   4) 교실에 의자와 책상이 있습니다.
   5) 우체국 옆에 서점과 은행이 있습니다.
2. 1) 와
   2) 과 지우개입니다.
   3) 휴대전화와 지갑이 있습니다.
   4) 선생님과 학생이 있습니다.
   5) 커피숍과 편의점이 있습니다.

4-1 한국말을 배웁니까?

☆ 어휘

1. 1) 배웁니다. 2) 저분이 3) 왔습니다. 4) 한국말을

에서 오다

1. 1) 중국에서 왔습니다. 2) 베트남에서 왔습니다.
   3) 프랑스 파리에서 왔습니다. 4) 호주에서 왔습니까?
   5) 어디에서 왔습니까?
2. 1) 프랑스에서 왔습니다. 2) 중국에서 왔습니다.
   3) 브라질에서 왔습니다. 4) 호주에서 왔습니다.
   5) 어디에서 왔습니까?

을/를

1. 1) 을 2) 를 3) 을 4) 를 5) 을
2. 1) 빵을 먹습니다. 2) 한국말을 가르칩니다.
   3) 물을 마십니다. 4) 음악을 듣습니다.
   5) 친구를 만납니다.

4-2 주앙 씨와 같이 게임을 합니다

☆ 어휘

1. 1) 합니까? 2) 피시방 3) 날마다 4) 게임을

에서

1. 1) 빵집에서 빵을 먹습니다.
   2) 도서관에서 책을 읽습니다.
   3) 백화점에서 가방을 삽니다.
   4) 카페에서 친구를 만납니다.
   5) 어디에서 아르바이트합니까?
2. 1) 체육관에서 운동합니다.
   2) 식당에서 식사합니다.
   3) 도서관에서 책을 읽습니다.
   4) 방에서 텔레비전을 봅니다.
   5) 가: 어디에서 노래합니까?
      나: 노래방에서 노래합니다.

과/와 같이

1. 1) 과 같이 2) 와 같이 3) 와 같이
   4) 과 같이 5) 와 같이
2. 1) 유키 씨와 같이 한국말을 배웁니다.
   2) 흐엉 씨와 같이 노래합니다.
   3) 선생님과 같이 식사를 합니다.
   4) 하늘 씨와 같이 게임을 합니다.
   5) 노라 씨와 같이 운동합니다.

5-1 고향에 갑니다

☆ 어휘

1. 1) 바다 2) 언제 3) 고향 4) 수영 5) 가다

에 가다

1. 1) 산에 갑니다. 2) 은행에 갑니다.
3) 회사에 갑니다. 4) 프랑스에 갑니다.
5) 찜질방에 갑니다.

2. 1) 호주에 갑니다. 2) 우체국에 갑니다.
3) 편의점에 갑니다. 4) 노래방에 갑니다.
5) 가: 산에 갑니까?
나: 아니요, 바다에 갑니다.

-고 싶다

1. 1) 저는 빵을 먹고 싶습니다.
2) 저는 피시방에 가고 싶습니다.
3) 저는 한국 노래를 듣고 싶습니다.
4) 저는 강에서 수영하고 싶습니다.
5) 저는 친구하고 같이 공부하고 싶습니다.

2. 1) 가방을(휴대전화를) 사고 싶습니다.
2) 노래방에(피시방에) 가고 싶습니다.
3) 리타오 씨와 같이(노라 씨와 같이) 숙제하고 싶습니다.
4) 책을 읽고 싶습니다.(운동하고 싶습니다.)
5) 가: 무엇을 하고 싶습니까?
나: 커피를 마시고 싶습니다.(밥을 먹고 싶습니다.)

5-2 하와이는 조용하고 아름답습니다

☆ 어휘

1. 1) 서울 2) 하와이 3) 아름답다 4) 복잡하다

-지 않다

1. 1) 지금 바쁘지 않습니다. 2) 방이 깨끗하지 않습니다.
3) 빵을 먹지 않습니다. 4) 서점에 가지 않습니다.
5) 수영하고 싶지 않습니다.

2. 1) 교실이 춥지 않습니다.
2) 가방이 작지 않습니다.
3) 학생이 선생님을 보지 않습니다.
4) 올리비아 씨가 태권도를 하지 않습니다.
5) 가: 리타오 씨가 공부합니까?
나: 아니요, 리타오 씨가 공부하지 않습니다.

-고[1]

1. 1) 노라 씨가 예쁘고 친절합니다.
2) 방이 춥고 더럽습니다.
3) 선생님이 친절하고 재미있습니다.
4) 고향이 시끄럽고 복잡합니다.
5) 저는 숙제하고 친구는 TV를 봅니다.

2. 1) 친절하고 재미있습니다.
2) 작고 더럽습니다.
3) 조용하고 아름답습니다.
4) 더럽고 시끄럽습니다.
5) 크고 깨끗합니다.

6-1 저는 날마다 아홉 시부터 한 시까지 공부합니다

☆ 어휘

1. 1) 몇 시 2) 아홉 3) 하나 4) 반 5) 점심 6) 보통

에

1. 1) 여덟 시에 학교에 갑니다.
2) 한 시 반에 밥을 먹습니다.
3) 오전에 아르바이트를 합니다.
4) 오후 세 시에 우체국에 갑니다.
5) 저녁에 컴퓨터를 합니다.

2. 1) 아홉 시 반에 공부를 합니다.
2) 한 시에 회사에 갑니다.
3) 다섯 시 반에 식사를 합니다.
4) 일곱 시에 한국말을 공부합니다.
5) 열한 시에 잡니다.

부터 까지

1. 1) 한 시부터 두 시 반까지 게임합니다.
2) 세 시부터 여섯 시까지 아르바이트를 합니다.
3) 일곱 시부터 여덟 시 반까지 텔레비전을 봅니다.
4) 여덟 시 반부터 아홉 시까지 책을 읽습니다.
5) 열두 시부터 한 시 반까지 점심을 먹습니다.

2. 1) 아홉 시부터 여섯 시 반까지
2) 한 시부터 두 시까지 음악을 듣습니다.
3) 두 시부터 다섯 시 반까지 친구를 만납니다.
4) 몇 시부터 몇 시까지 영어를 가르칩니까?
5) 가: 몇 시부터 몇 시까지 노래를 합니까?
나: 일곱 시부터 여덟 시까지 노래를 합니다.

6-2 집에서 숙제를 하십시오

☆ 어휘

1. 1) 집이 2) 번 3) 교과서 4) 숙제를 5) 쪽을
6) 대화를 7) 삼십 8) 수업이 9) 알겠습니다

-으십시오/십시오

1. 1) 책을 읽으십시오. 2) 집 앞에서 기다리십시오.
3) 서점에 가십시오. 4) 아침을 드십시오.
5) 일찍 주무십시오.

2. 1) 보십시오.
2) 체육관에서 운동을 하십시오.
3) 네, 책을 읽으십시오.
4) 네, 오십시오.
5) 이 지갑을 사십시오.

-을까요/ㄹ까요?

1. 1) 제가 책을 읽을까요?
   2) 제가 문을 닫을까요?
   3) 제가 이것을 먹을까요?
   4) 제가 여기에서 기다릴까요?
   5) 제가 이 아르바이트를 할까요?
2. 1) 제가 내일 전화할까요? 2) 제가 책을 읽을까요?
   3) 창문을 닫을까요? 4) 제가 운전할까요?
   5) 이 가방을 살까요?

7-1 무슨 음식을 좋아합니까?

☆ 어휘

1. 1) 좋아합니까? 2) 맵 3) 무슨
   4) 불고기를 5) 맛있습니다 6) 만들까요?
   7) 그럼

무슨

1. 1) 무슨 차를 마십니까?
   2) 무슨 책이 재미있습니까?
   3) 무슨 음악을 듣습니까?
   4) 무슨 과일이 맛있습니까?
   5) 무슨 꽃을 좋아합니까?
2. 1) 무슨 차가 맛있습니까?
   2) 무슨 영화가 재미있습니까?
   3) 무슨 운동을 합니까?
   4) 무슨 노래를 듣습니까?
   5) 무슨 음식을 먹지 않습니까?

ㄹ동사

1. 1) 깁니다. 2) 압니다 3) 멉니다.
   4) 여십시오. 5) 만들까요?
2. 1) 가: 압니까? 나: 압니다.
   2) 가: 삽니까? 나: 삽니다.
   3) 가: 멉니까? 나: 멀지 않습니다.
   4) 가: 만들까요? 나: 만드십시오.
   5) 가: 놉니까? 나: 놉니다.

7-2 무엇을 시킬까요?

☆ 어휘

1. 1) 여기요 2) 인분을 3) 배가 고픕니까?
   4) 삼겹살은 5) 그릇을 6) 주십시오
   7) 시킬까요?

-을까요/ㄹ까요?²

1. 1) 같이 김밥을 먹을까요?
   2) 우리 이 책을 읽을까요?
   3) 우리 다섯 시에 만날까요?
   4) 같이 한국 음식을 만들까요?
   5) 같이 바다에서 수영할까요?
2. 1) 그럼 같이 등산을 할까요?
   2) 그럼 우리 김치찌개를 먹을까요?
   3) 그럼 우리 바다에 갈까요?
   4) 그럼 같이 식당에 갈까요?
   5) 그럼 도서관에서 같이 공부할까요?

-읍시다/ㅂ시다

1. 1) 학교에 갑시다. 2) 신문을 읽읍시다.
   3) 같이 숙제합시다. 4) 두 시에 점심을 먹읍시다.
   5) 도서관 앞에서 만납시다.
2. 1) 서점에 갑시다. 2) 만납시다.
   3) 인사동에 갑시다. 4) 학교 근처에서 놉시다.
   5) 베트남 음식을 먹읍시다.

8-1 오늘이 무슨 요일이에요?

☆ 어휘

1. 1) 토요일과 2) 요일입니까? 3) 오늘

이에요/예요

1. 1) 제 이름은 주앙이에요. 2) 시월 삼 일이에요.
   3) 이것은 지우개예요. 4) 여기는 학생회관이에요.
   5) 유키 씨는 중국 사람이 아니에요.
2. 1) 여기가 학생회관이에요. 2) 유키 씨는 기자예요.
   3) 저는 베트남 사람이에요. 4) 9시예요.
   5) 저 사람은 누구예요?

-어요/아요/여요

1. 놀아요, 봐요, 웃어요, 재미있어요, 써요, 바빠요, 가요,
   와요, 먹어요, 배워요, 가르쳐요, 예뻐요, 일해요
2. 1) 방이 깨끗해요. 2) 옷걸이가 없어요.
   3) 삼계탕을 만들어요. 4) 백화점에 가요.
   5) 바빠요?

8-2 저녁을 먹고 무엇을 해요?

☆ 어휘

1. 1) 뭘 2) 그리고 3) 먼저 4) 샤워해요.
   5) 산책을 6) 저녁을

-고²

1. 1) 운동을 하고 샤워를 해요. 2) 수업이 끝나고 집에 가요.
   3) 숙제를 하고 쉬십시오. 4) 커피를 마시고 일합시다.
   5) 영화를 보고 무엇을 할까요?
2. 1) 수업이 끝나고 점심을 먹어요.
   2) 숙제하고 텔레비전을 봐요.
   3) 아르바이트하고 친구를 만나요.
   4) 영화를 보고 커피를 마십시다.
   5) 시험이 끝나고 무엇을 하고 싶어요?

ㄷ동사

1. 1) 물어요. 2) 걸어요. 3) 실을까요?
4) 받아요. 5) 닫으십시오.

2. 1) 걸읍시다. 2) 의자를 실읍시다.
3) 하늘 씨가 음악을 들어요. 4) 한국 음악을 듣고 싶어요.
5) 공원에서 걷고 싶어요.

9-1 축구를 하러 운동장에 가요

어휘

1. 1) 주말 2) 좀 3) 축구를
4) 축구하러, 운동장 5) 힘들어요. 6) 자주

-으러/러

1. 1) 운동하러 체육관에 갑니다.
2) 책을 읽으러 도서관에 갑니다.
3) 게임을 하러 피시방에 갑니다.
4) 불고기를 먹으러 식당에 갑니다.
5) 한국말을 배우러 한국어학당에 갑니다.

2. 1) 골프를 치러 골프장에 가요.
2) 밥을 먹으러 식당에 가요.
3) 축구하러 운동장에 가요.
4) 서핑하러 바다에 갑니다.
5) 가: 무엇을 하러 백화점에 가요?
나: 시계를 사러 백화점에 가요.

-지만

1. 1) 지갑이 예쁘지만 비쌉니다.
2) 백화점이 멀지만 자주 갑니다.
3) 찜질방이 깨끗하지만 작습니다.
4) 영어 공부가 어렵지만 재미있습니다.
5) 하숙집 방이 크지 않지만 좋습니다.

2. 1) 지하철이 빠르지만 복잡합니다.
2) 집이 크지만 더럽습니다.
3) 겐지 씨가 일본 사람이지만 한국말을 잘합니다.
4) 날씨가 춥지만 운동합니다.
5) 프랑스 음식이 비싸지만 맛있습니다.

9-2 주말에 뭘 할 거예요?

어휘

1. 1) 너무 2) 등산하러 3) 청소할까요?

-을/ㄹ 거예요

1. 1) 세수할 거예요.
2) 신문을 읽을 거예요.
3) 맥주를 마실 거예요.
4) 오후에 사무실에 갈 거예요.
5) 친구와 같이 비빔밥을 만들 거예요.

2. 1) 주말에 스키를 타러 갈 거예요.
2) 일본 음식을 먹을 거예요.
3) 영화를 볼 거예요.
4) 일곱 시에 일어날 거예요.
5) 가: 뭘 할 거예요?
나: 도서관에서 책을 읽을 거예요.

ㅂ동사

1. 1) 날씨가 더워요. 2) 한국말이 어려워요.
3) 아이가 귀여워요. 4) 제주도 경치가 아름다워요.
5) 흐엉 씨가 친구를 도와요.

2 1) 추워요. 2) 시끄러워요. 3) 도와요.
4) 매워요? 5) 쉬워요. 6) 아름다워요.

10-1 어제 뭘 했어요?

어휘

1. 1) 공원이 2) 어제는 3) 쉴

-었어요/았어요/였어요

1. 1) 날씨가 나빴습니다. 2) 학교가 작았습니다.
3) 영화가 재미없었습니다. 4) 영어를 배웠습니다.
5) 백화점에서 쇼핑했습니다.

2. 1) 불고기를 만들었어요. 2) 날씨가 더웠어요.
3) 신문을 읽었어요. 4) 사람이 많았어요.
5) 맥주를 마셨어요.

안

1. 1) 이름을 안 씁니다. 2) 안 바쁩니다. 3) 안 맵습니다.
4) 안 놉니다. 5) 게임을 안 합니다.

2. 1) 텔레비전을 안 봐요.
2) 김치볶음밥이 안 매워요.
3) 신문을 안 읽어요.
4) 아니요, 주말에 등산을 안 해요.
5) 아니요, 어제 스키를 안 탔어요.

10-2 콘서트를 보지 못했어요

어휘

1. 1) 왜 2) 일찍 3) 콘서트를 4) 시간이
5) 표를, 예매했어요.

-지 못하다

1. 1) 술을 마시지 못합니다. 2) 영어를 읽지 못합니다.
3) 피자를 만들지 못합니다. 4) 일찍 일어나지 못했습니다.
5) 콘서트 표를 예매하지 못했습니다.

2. 1) 체육관에서 운동하지 못해요.
2) 초밥을 먹지 못해요.
3) 콘서트 표를 예매하지 못했어요.
4) 아니요, 스키를 타지 못했어요.
5) 아니요. 친구하고 같이 놀지 못했어요.

-어서/아서/여서[1]

1.

보기 청소하다	좋습니다.
1) 춥다	방이 깨끗합니다.
2) 방이 크다	문을 닫습니다.
3) 영화를 좋아하다	옷을 줬습니다.
4) 친구 생일이다	자주 봅니다.
5) 내일 시험이 있다	공부할 거예요.

1) 추워서 문을 닫습니다.
2) 방이 커서 좋습니다.
3) 영화를 좋아해서 자주 봅니다.
4) 친구 생일이어서 옷을 줬습니다.
5) 내일 시험이 있어서 공부할 거예요.

2. 1) 친절해서 좋아해요.
2) 등산을 해서 피곤해요.
3) 휴일이어서 회사에 안 가요.
4) 아파서 학교에 안 왔어요.
5) 밖이 시끄러워서 자지 못했어요.

색인

어휘 색인

ㅇ

문법 색인

English Version

새 연세한국어 어휘와 문법 1-1

별책부록

NEW YONSEI KOREAN Vocabulary and Grammar

연세대학교 한국어학당 편

연세대학교 출판문화원

Foreword

The Yonsei University Korean Language Institute ("Yonsei KLI") was established in 1959 as the first institute to provide Korean language courses. Yonsei KLI has published numerous Korean language teaching textbooks and conducted various studies on Korean language pedagogy commensurate with its long history and prestigious reputation as the world's leading Korean language institute. Yonsei KLI has imparted language skills and knowledge of Korea's rich cultural heritage to over 140,000 students from 147 countries. More recently, the institute has extended the learning environment beyond physical classrooms to the online space through the creation of MOOCs(Massive Open Online Course), which have received deep appreciation from those who wish to learn the Korean language but are unable to attend Yonsei KLI in person. To keep pace with the rapidly evolving educational environment, Yonsei KLI continues to relentlessly pursue various endeavors to update and develop new methods of and materials for teaching the Korean language.

Yonsei KLI has offered various regular, short-term, and the university Korean courses for those who are studying the Korean language for both general and special purposes. The institute has been deeply committed to developing teaching materials of the highest quality that cater to learners' needs. The textbooks created and published by Yonsei KLI have been satisfying the diverse needs of Korean language instructors and learners around the world to provide excellent teaching and learning experiences.

Yonsei KLI is now proud to present the "New Yonsei Korean" textbook series which follows in the steps of the "Yonsei Korean 1–6" series, the all-time favorite textbook series for learning the Korean language. Many scholars and instructors with years of hands-on Korean language teaching experience have been involved, and great deals of time and effort have been dedicated in its development. Their understanding of the best teaching practices and the needs of learners are incorporated into this new series.

The recently published "New Yonsei Korean" textbook series is comprised of six levels of vocabulary and grammar, speaking and writing, and listening and reading textbooks. "New Yonsei Korean Vocabulary and Grammar" textbook helps the Korean learners at each level in building and utilizing the key vocabulary words and grammatical concepts. "New Yonsei Korean Speaking and Writing" textbook focuses on speaking and writing exercises that enable learners to familiarize themselves with expressions that are essential for communication in Korean. "New

Yonsei Korean Listening and Reading" textbook fosters 2 the comprehension skills appropriate for each level of the Korean language through listening and reading exercises. The three textbooks in each series can be used together as a package to help learners acquire balanced Korean language proficiency or may be used separately depending on the educational environment or individual learners' needs. Furthermore, an additional guidebook for the vocabulary and grammar textbook was provided to assist teachers with relatively less experiences.

Yonsei KLI will continue to dedicate time and energy to developing textbooks and teaching materials that can satisfy the needs and meet the expectations of Korean language learners around the world. Yonsei KLI hopes that this newly released textbook series will be of great help to numerous instructors both inside and outside of Korea doing their utmost to offer top-notch Korean language education and to all of the learners around the world striving to learn the Korean language.

The Yonsei University Institute of Language Research and Education

The Yonsei Korean Language Institute Textbook Compilation Committee

Introduction

Textbook Configuration

- There are a total of 40 sections, 20 units with 2 subsections.
- Each section has practice questions and each unit has review questions.
  (1 unit – 1 unit practice question – 2 sections – 2 sections of practice question)
- **Vocabulary:** Vocabularies from the dialogue and that are related to the topic of the unit and that 1st level learners should learn are presented.
- **Grammar:** There are total of four grammar in one unit, two in each section.
- **Practice question:** To practice grammar.
  -Number 1: Simple grammar practice by choosing particles or combining two sentences into one.
  -Number 2: To practice grammar in context by completing a conversation or looking at a picture and creating sentences.
- **Review question:** To confirm learning of vocabulary and grammar of the complete unit (two sections).
  -Number 1: Questions are combination of all the vocabulary of the unit.
  -Number 2: Questions are combination of all the grammar of the unit.
- **Model answer:** Practice questions and review questions have model answers to assist learners studying individually.
- **Index:** Each unit's vocabulary and grammar are alphabetically organized.
- **Supplement book:** Basic knowledge and explanation of Hangul is translated. Learners can easily practice using the supplement book that includes translated conversation, vocabulary, meaning and usage of grammar, and example sentences.

Details of the Unit

- **Section title:** The title is selected from the dialogue which contains target grammar.
- **Introduction picture:** Pictures displayed the theme of the section or the main conversation.
- **Introduction question:** Questions are related to the picture or the dialogue.
- **Dialogue:** Most of the dialogues are consist of 1~2 turn taking of two people.
- **Dialogue vocabulary:** New vacabularies from the dialogue are presented below.

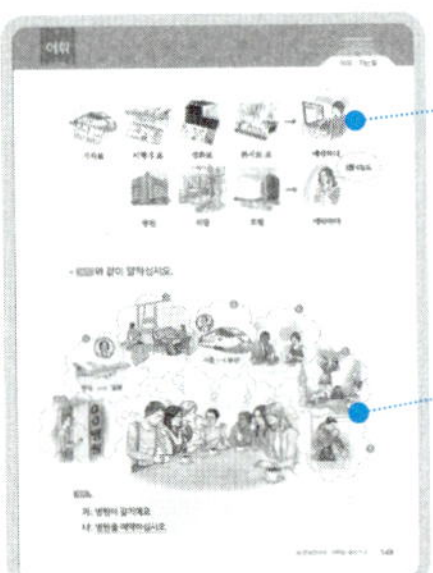

- **Extended vocabulary**
  Vocabularies that are related to the topic of the unit and that 1st level learners should learn are presented. Also, for learners to easily understand the presented vocabulary, illustration and pictures are included.
- **Vocabulary practice**
  Learners can confirm their understanding of the vocabulary by practicing speaking and writing with the picture.

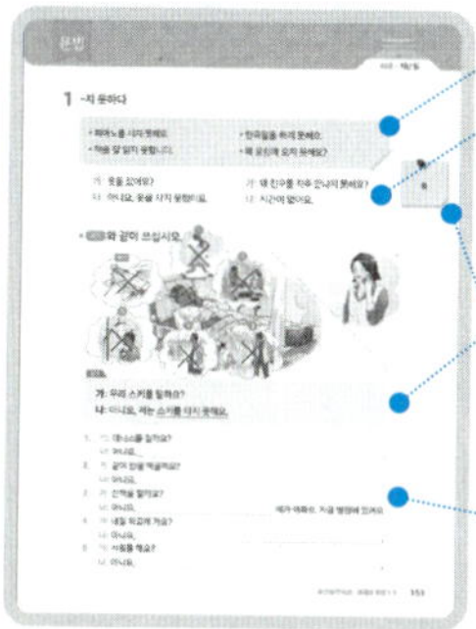

- **Grammar:** Provide grammar for the section.
- **Grammar example:** Learners can understand grammar through 4 example sentences. Translated sentences are listed in Supplement book.
- **Grammar conversation:** For learners to understand, two sample conversation is presented. However, only sentences are presented at the beginning of the book. Translated sentences are listed in Supplement book.
- **Grammar practice:** Learned grammar can be practiced in proper context with the help of <example>.
- **Additional vocabulary:** Vocabulary not learned are added.

- **Let's practice**
  Grammar from each sections are combined and similarly formated into the dialogue. Model answers are also presented.
- **<Example> conversation:** Learners can easily practice from similarly formated conversation that was presented at the beginning.
- **Additional vocabulary:** Vocabulary not learned are added.

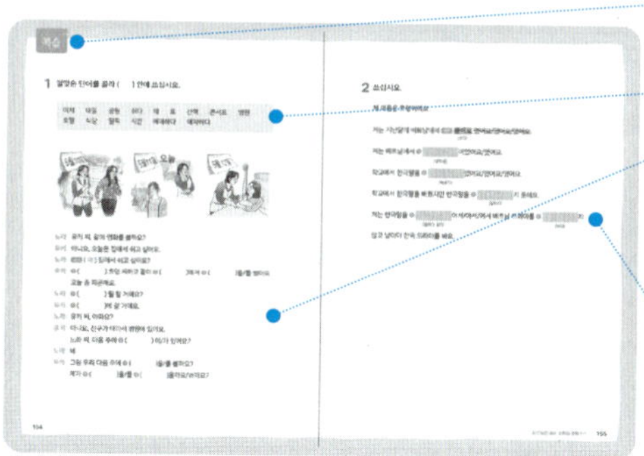

- **Review:** Unit vocabulary and grammar are practiced to confirm learning.
- **Vocabulary:** Learned vocabularies are presented.
- **Number1:** The question is combined the whole unit's vocabulary. As expanded vocabularies are practiced before, vocabulary from the conversation and additional vocabulary are reviewed and confirmed by number 1.
- **Number 2:** The question is presented to practice by combining four grammar into one discourse situation.

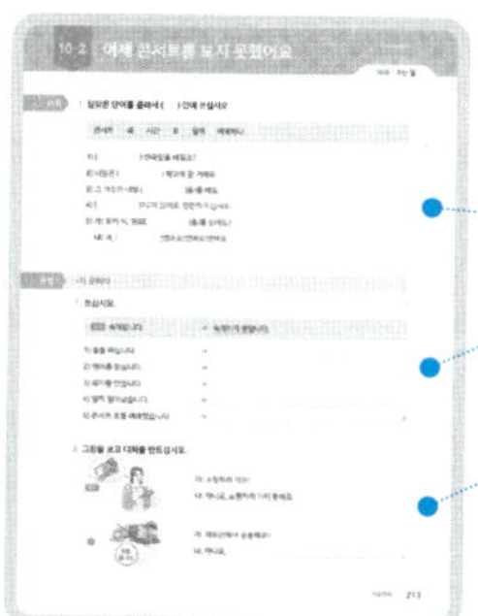

Excercise

- **Number 1:** For Practicing dialogue vocabulary.
- **Number 2:** Simple practice through selecting particles and combining two sentences.
- **Number 3:** Practice grammar in context through completing conversation and writing sentences by looking at the picture.

Contents Map

Unit	Lesson	Grammar	Dialogue Vocabulary	Vocabulary expansion
Hangul	<1> Principles of Invention			
	<2> Vowel			
	<3> Consonant			
Unit 1 Greetings and introductions	<1> I am an American.	입니다 은/는[1]	American, name, I, my, yes, Hello?	country, Norway, the U.S., Vietnam, Brazil, person, Japan, China, Kenya, France, Korea, Korean, Australia, which, Thank you, I am okay, I am sorry, goodbye, goodbye
	<2> I am not an office worker.	입니까? 이/가 아닙니다	Mr./Ms., student, office worker, no	singer, nurse, journalist, who, actor, teacher, chef, bank teller, doctor, student, office worker
Unit 2 Objects	<1> What is that?	이/가 이, 그, 저	classroom, that (thing), what, here, we/us/our, this (thing), computer	mirror, calendar, door, clock, clothes hanger, chair, that (thing), map, window, desk, friend, blackboard, computer, television, who
	<2> Do you have a book?	이/가 있습니다 (없습니다) (소유) 도	notebook, book, to not have, to have	bag, notebook, pen, newspaper, pencil, magazine, wallet, book, Pencil case, cell phone

Unit	Lesson	Grammar	Dialogue Vocabulary	Vocabulary expansion
Unit 3 School	<1> The bank is in the student union.	에 있습니다 (없습니다) 은/는[2]	library, in/inside, front, where, bank, student union	dormitory, flower, library, back, out/outside, office, bookstore, restaurant, below/under, in/inside, front, next to, post office, above, bank, over there, gym, convenient store, student union
	<2> The dorm room is very nice.	-습니다, -습니까? 와/과	near, room, student cafeteria, to be how, to be good/nice, very	weather, to be bad, to be hot, to be many/much, to be noisy, to be small, to be little/few, to be quiet, to be good/nice, to be cold, to be big
Unit 4 Friends	<1> Are you learning Korean?	에서 오다 을/를	that person, Korean, to learn, to come(came)	water, Vietnamese, bread, English, Music, Japanese, Chinese, coffee, French, Korean, to teach, to wait, to listen/hear, to drink, to meet, to eat, to learn, to see, to buy, to write, to read, to wear, now
	<2> I play games with Juang.	에서 과/와 같이	game, internet cafe, everyday, to do	flower shop, singing room, stationary, department store, bakery, jjimjilbang(korean sauna), taekwondo, internet cafe, to play game, to study, to sing, to have a meal, to work part time, to exercise, to work

Unit	Lesson	Grammar	Dialogue Vocabulary	Vocabulary expansion
Unit 5 Hometown	<1> I am going to home-town.	에 가다 -고 싶다	hometown, tomorrow, ocean, swimming, when, to go	river, hometown, ocean, mountain, house/home, lake, company, to meet family, to eat hometown food, to meet hometown friends, to go to hometown • who, what, where, when
	<2> Hawaii is quiet and beautiful.	-지 않다 -고[1]	Seoul, Hawaii, to be crowed, to be beautiful	scenery, man, fish, life/living, woman, to be clean, to be dirty, to be busy, to be crowded, to be beautiful, to be pretty, to be not fun, to be fun, to be kind, to be not busy
Unit6 School Life	<1> Everyday, I study from nine to one o'clock.	에[1] 부터 까지	what, half, usually, time/hour, nine, lunch, one	half, morning/breakfast, movie, morning, afternoon, dinner/evening, lunch • one, two, three, four, five, six, seven, eight, nine, ten, eleven, twelve • time/hour
	<2> Do your homework at home.	-으십시오 -을까요?[1]	textbook, conversation/dialogue, times, thirty, class, homework, page, to know(okay)	to thank, to close, to drive, to call, to be tired, to review, to do homework, to take a test, to study in advance • one, two, three, four, five, six, seven, eight, nine, ten, twenty, thirty, forty, fifty • minute

Unit	Lesson	Grammar	Dialogue Vocabulary	Vocabulary expansion
Unit 7 Food	<1> What kind of food do you like?	무슨 ㄹ동사	bulgogi, to make, to be delicious, to be spicy, to like, what kind, then	fruit, green tea, strawberry, taste, bulgogi, bibimbap, apple, samgyetang(ginseng chicken soup), sandwich, western, action movie, udon, citron tea, food, jajangmyeon, jjamppong, tea, sushi, comedy movie, pizza, to be not delicious, to be delicious • to be long, to play/hang out, to be sweet, to make, to be distant, to live, to know, to open
	<2> What should we order?	-을까요?[2] -읍시다	bowl, samgyeopsal (pork belly), portion, to order, to give, excuse me, to be hungry	together, kimbap, beer, to sit • counting word for objects, bowl, counting word for animal/fish , bottle, portion, cup, row, pan
Unit 8 Daily Life	<1> What day is it today?	이에요 어요	today, days of the week, Saturday	what date, birthday, Christmas • Monday, Tuesday, Wednesday, Thursday, Friday, Saturday, Sunday • month, day
	<2> What do you do after dinner?	-고[2] ㄷ동사	stroll, dinner/ evening, to take a shower, and, first, what	to finish, to take a shower, to wash one's face, to wake up, to sleep, to ask for direction, to eat breakfast, to brush one's teeth, to eat dinner, to eat lunch, to use a computer • to walk, to listen/hear, to ask, to load • to close, to receive

Unit	Lesson	Grammar	Dialogue Vocabulary	Vocabulary expansion
Unit 9 Weekends	<1> I go to the playground to play soccer.	-으러 -지만	playground, weekend, soccer, to be hard, often, little	golf, golf course, basketball, basketball court, surfing, swimming, swimming pool, snowboard, skate, skating rink, ski, ski resort, yoga, play ground, subway, soccer, table tennis, table tennis room, tennis, tennis court, to be expensive, to borrow/rent, to be fast, to do well, to hit, to ride
	<2> What will you do on the week-end?	-을 거예요[1] ㅂ동사	to hike, to clean, too much	kimchi, child, korean food, to go out with someone, to hike, to do laundry, to go shopping, to travel, to clean, too much, much/many, very, little/few, little/few • to be cute, to be dirty, to be hot, to help, to be spicy, to be glad, to be easy, to be noisy, to be beautiful, to be difficult, to be cold • to wear, to be narrow
Unit 10 Past Experience	<1> What did you do yesterday?	-었어요 안	park, yesterday, to rest	a day before yesterday, this year, next year, tomorrow, next time, month, a day after tomorrow, yesterday, today, this year, this time, last year, week, last month, last week
	<2> I could not see the concert.	-지 못하다 -어서[1]	concert, ticket, to book(esp. tickets), why, early, to have no time	train ticket, hospital, plane ticket, restaurant, movie ticket, clothes, concert ticket, hotel, to be late, to be sick, to book(esp. tickets), to make a reservation • late, quickly, early, slowly

Contents

Korean Alphabet (Hangul)

Hangul is a phonogram, a set of characters that are written as they sound. It is a unique writing system because the creator and originator is known, when it was promulgated, as well as the founding principle. Hangul was created in the fifteenth century by King Sejong and scholars of the Hall of Worthies (Chiphyonjon) during the Joseon Dynasty. Before the creation of hangul, classical Chinese characters (hanja) were used for writing. However, because the Korean language is different than the Chinese language, it could not be indicated or communicated very well with hanja. Furthermore, hanja was difficult to learn thus; the common people who were not in the ruling class could not express their thoughts in writing. Therefore, King Sejong and the scholars of the Hall of Worthies created a set of letters that can easily transcribe the sounds that are used in the Korean language for the commoners who are hindered by such difficulties. At the time of its promulgation in 1446, the official name for hangul was "Hunminjongum (훈민정음, 訓民正音)," meaning "the correct sounds to educate the people." The "hangul" was first used in the early 1910s by the scholars of hangul. "Han" means great, and thus "hangul" means "the great script." The document that explains in details the principles and usage of the consonants and vowels of hangŭl is called the "Hunminjongum Haeryebon." This book has been designated as National Treasure No. 70, and it has also been registered in the UNESCO Memory of the World Register.

1. Principles of Invention

1) The consonants in hangul have five basic characters which have been visualized based on the shapes of the vocal organs that are used in making these consonant sounds. The five basic consonants of "ㄱ, ㄴ, ㅁ, ㅅ, ㅇ" and based on these five basic consonants, the rest of the consonants were created by adding another stroke or doubling the consonant.

example) ㄱ → ㅋ, ㄱ → ㄲ

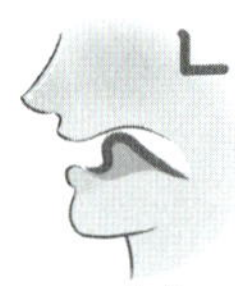

example) ㄴ → ㄷ → ㅌ, ㄷ → ㄸ

example) ㅁ → ㅂ → ㅍ, ㅂ → ㅃ

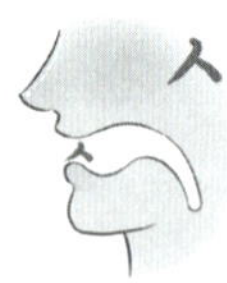

example) ㅅ → ㅈ → ㅊ, ㅅ → ㅆ, ㅈ → ㅉ

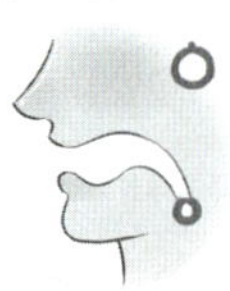

example) ㅇ

2) The vowels in hangul are based on three basic components, each of which embody the circular sky (heaven), flat earth (land), and a standing person. The three basic symbols are "·, ㅡ, ㅣ"and by combining them, the complicated system of vowels are expressed.

example)

· + ㅡ = ㅗ	ㅡ + · = ㅜ	ㅣ + · = ㅏ	· + ㅣ = ㅓ
ㅣ + ㅗ = ㅛ	ㅣ + ㅜ = ㅠ	ㅣ + ㅏ = ㅑ	ㅣ + ㅓ = ㅕ
ㅗ + ㅏ = ㅘ	ㅜ + ㅓ = ㅝ		

3) The method of forming syllables in hangul are as follows:

① vowel	example) 아, 이, 왜
② consonant + vowel	example) 자, 소, 비
③ vowel + consonant	example) 연, 옷, 잎
④ consonant + vowel + consonant	example) 공, 문, 쌀

2. Vowels

The sounds of vowels are different depending on the shape of the lips and the location of the tongue. Vowels can be largely divided into "short vowels / monophthongs" and "diphthongs." "Short vowels / monophthongs" are the vowels that do not move the lips or tongue while being pronounced, and "diphthongs" are the vowels that require the movement in the lips or tongue while being pronounced. The rule for writing vowels is to write them from top to bottom for vertical strokes and from left to right for horizontal strokes. Vowels are located to the right of or below the initial consonant. For syllables that begin with a vowel sound, the character "ㅇ" which does not have a phonetic value is written in the place of the initial consonant as a placeholder.

Short-vowels	ㅏ	ㅐ	ㅓ	ㅔ	ㅗ	ㅚ	ㅜ	ㅟ	ㅡ	ㅣ	
	아	애	어	에	오	외	우	위	으	이	

Diph-thongs	ㅑ	ㅒ	ㅕ	ㅖ	ㅘ	ㅙ	ㅛ	ㅝ	ㅞ	ㅠ	ㅢ
	야	얘	여	예	와	왜	요	워	웨	유	의

1) Short Vowels

example)

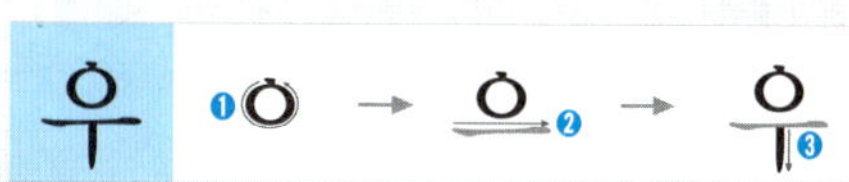

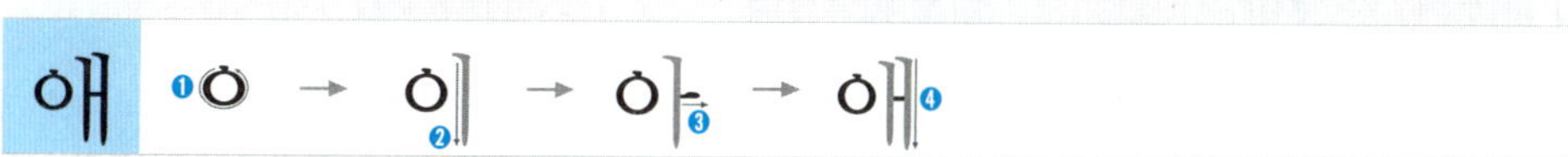

* "ㅚ"and "ㅟ"among the short vowels can be pronounced by moving the lips or tongue like diphthongs.

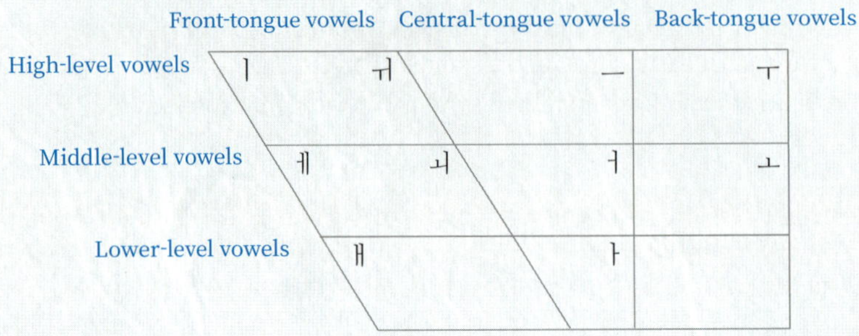

Classification	Front/back of tongue	Front-tongue vowels		Central-tongue vowels	Back-tongue vowels
Height of tongue	Shape of lips	Flat lips vowels	Round lips vowels	Flat lips vowels	Round lips vowels
	High-level vowels	ㅣ [i]	ㅟ [ü/wi]	ㅡ [⊠]	ㅜ [u]
	Middle-level vowels	ㅔ [e]	ㅚ [ö/we]	ㅓ [⊠]	ㅗ [o]
	Lower-level vowels	ㅐ [⊠]		ㅏ [ɑ]	

2) Diphthongs

ㅑ	ㅕ	ㅛ	ㅠ	ㅒ	ㅖ	ㅘ	ㅙ	ㅝ	ㅞ	ㅢ
[ja]	[jə]	[jo]	[ju]	[jɛ]	[je]	[wa]	[wɛ]	[wo]	[we]	[ɨi]

example)

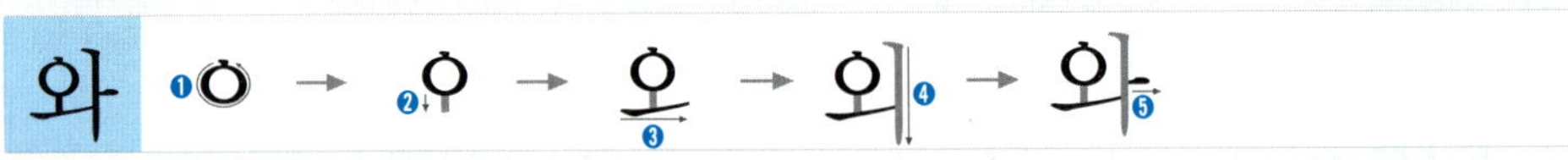

3. Consonants

ㄱ	ㄴ	ㄷ	ㄹ	ㅁ	ㅂ	ㅅ	ㅇ	ㅈ	ㅊ
기역	니은	디귿	리을	미음	비읍	시옷	이응	지읒	치읓
ㅋ	ㅌ	ㅍ	ㅎ	ㄲ	ㄸ	ㅃ	ㅆ	ㅉ	
키읔	티읕	피읖	히읗	쌍기역	쌍디귿	쌍비읍	쌍시옷	쌍지읒	

Each consonant makes a different sound depending on the location and method of producing the sound, intensity of the sound, and vibration of the sound. The rule for writing consonants is to write them from top to bottom for vertical strokes and from left to right for horizontal strokes. Consonants are located to the left of or above vowels. Consonants are also placed under the vowels, and these consonants are called "batchim"(final consonant; 받침).

Classification			Location of the sound production				
Method of sound production			Lips sound	Gum ridge (alveolar) sound	Hard palate sound	Soft palate sound	Glottal palate sound
Non-vibration sound	Plosive consonant	Simple consonant	ㅂ[p]	ㄷ[t]		ㄱ[k]	
		Tense consonant	ㅃ[p']	ㄸ[t']		ㄲ[k']	
		Aspirated consonant	ㅍ[pʰ]	ㅌ[th]		ㅋ[kʰ]	
	Affricative consonant	Simple consonant			ㅈ[ch]		
		Tense consonant			ㅉ[ch']		
		Aspirated consonant			ㅊ[chʰ]		
	Fricative consonant	Simple consonant		ㅅ[s]			ㅎ[h]
		Tense consonant		ㅆ[s']			
Vibration sound	Nasal consonant		ㅁ[m]	ㄴ[n]		ㅇ[⊠]	
	Liquid consonant			ㄹ[r/l]			

example)

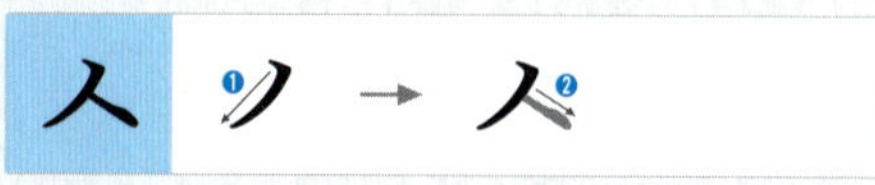

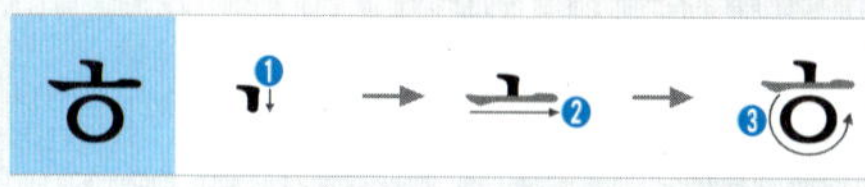

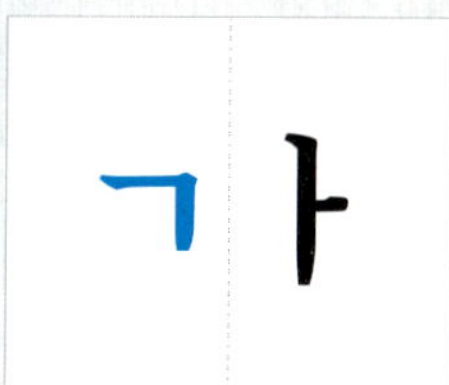

Left side of vowel :
example) 가, 비, 터, 매,

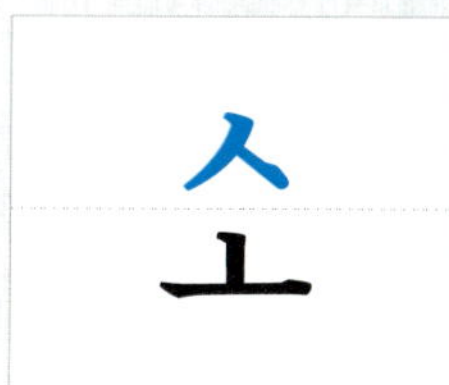

Above vowel :
example) 소, 푸, 회, 늬

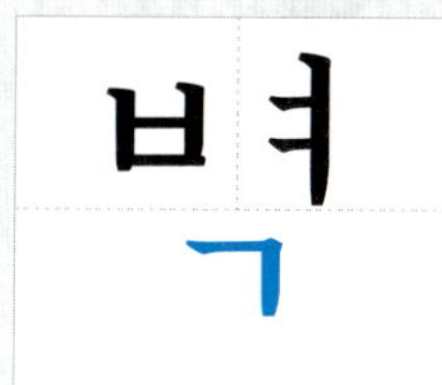

Below vowel :
example) 벽, 철, 문, 꽃

2) **Batchim (Final Consonants)**

Almost all of the consonants can be used as a batchim (final consonant), but the they are pronounced in only the following seven sounds: [k], [n], [t], [l], [m], [p], [ŋ].

Consonants used as batchim (final consonant)	Representative sound	Pronunciation	Examples
ㄱ, ㄲ, ㅋ	ㄱ	[k]	각[각], 밖[박], 부엌[부억]
ㄴ	ㄴ	[n]	눈[눈]
ㄷ, ㅅ, ㅆ, ㅈ, ㅊ, ㅌ, ㅎ	ㄷ	[t]	낮[낟], 낯[낟], 히읗[히읃]
ㄹ	ㄹ	[l]	물[물]
ㅁ	ㅁ	[m]	감[감]
ㅂ, ㅍ	ㅂ	[p]	입[입], 잎[입]
ㅇ	ㅇ	[ŋ]	강[강]

Batchim (final consonant) composed of two different consonants are called "kyop-batchim"(final double consonant). In words with kyopbatchim (final double consonants), the kyopbatchim either comes at the end of the word, and when it is followed by a consonant-starting syllable, only one of the consonants in the kyopbatchim are pronounced.

	Kypbatchim (final double consonants)	Examples
When the first consonant is pronounced	ㄱㅅ, ㄴㅎ, ㄴㅈ, ㄹㅂ, ㄹㅌ, ㅂㅅ	삯, 많다, 앉다, 여덟, 핥다, 값, 없다
When the second consonant is pronounced	ㄹㄱ, ㄹㅁ, ㄹㅍ	늙다, 삶다, 읊다
When both consonants are pronounced	ㄹㅂ, ㄹㄱ	넓다, 밟다, 읽기, 읽다

※ If the kyopbatchim (final double consonant) is followed by a vowel-starting syllable, both consonants in the kyopbatchim are pronounced.

example)

읽다	[익따]

읽어요	[일거요]

Unit 1 Greetings and Introductions

<1> I am an American.

Dialogue

Yuki: Hello? My name is Yuki.
Eric: Yes, hello? I'm Eric. I'm an American.

Dialogue Vocabulary

미국 사람 **American**
저 **I**
네 **yes**
이름 **name**
제 **my**
안녕하십니까? **Hello**

Vocabulary expansion

나라 **country**
미국 **the U.S.**
브라질 **Brazil**
일본 **Japan**
케냐 **Kenya**
한국 **Korea**
호주 **Australia**
감사합니다 **Thank you**
죄송합니다 **I am sorry**
안녕히 계십시오 **goodbye**
노르웨이 **Norway**
베트남 **Vietnam**
사람 **person**
중국 **China**
프랑스 **France**
한국 사람 **Korean**
어느 **which**
괜찮습니다 **I am okay**
안녕히 가십시오 **goodbye**

Grammar

1. 입니다

- **Meaning and Usage**

This is added after a noun to express a property or state of the subject of the sentence.

- **Example**

김진우입니다.
I am Kim Jinwoo.
한국 사람입니다.
I am a Korean.
저는 미국 사람입니다.
I am an American.
제 이름은 에릭입니다.
My name is Eric.

한국입니다.
This is Korea.
이윤아입니다.
I am Lee, Yuna

2. 은/는[1](Topic)

- **Meaning and Usage**

This is added after a noun to express the subject or topic of the sentence.

- **Form**

은 is added when a noun ends in a consonant. 는 is added when a noun ends in a vowel.

Noun ending	Combine with	Example
Consonant	은	선생님은, 책상은
Vowel	는	친구는, 의자는

- **Example**

저는 중국 사람입니다.
I am Chinese.
제 이름은 유키입니다.
My name is Yuki.
윤아 씨는 학생입니다.
Yuna is a student.
이것은 제 볼펜입니다.
This is my pen.
제 이름은 에릭 파커입니다.
My name is Eric Parker.

가: 어느 나라 사람입니까?
A: Which country are you from?
나: 저는 한국 사람입니다.
B: I am a Korean.

- **Note**

은/는 can be combined with other particles as in 에는 and 에서는, but it cannot be combined with the subject particle 이/가, the object particle 을/를, and 도.

<2> I am not an office worker.

Dialogue

Haneul: Letao, are you an office worker?
Letao: No, I'm not an office worker. I'm a student.

Dialogue Vocabulary

씨 **Mr./Ms.**
회사원 **office worker**
학생 **student**
아니요 **no**

Vocabulary expansion

가수 **singer**
기자 **journalist**
배우 **actor**
요리사 **chef**
의사 **doctor**
회사원 **office worker**
간호사 **nurse**
누구 **who**
선생님 **teacher**
은행원 **bank teller**
학생 **student**

Grammar

1. 입니까?

- **Meaning and Usage**

This is added after a noun to ask about a property or state of the subject of the sentence. It is the interrogative Form of 입니다.

- **Example**

학생입니까?
Are you a student?
중국 사람입니까?
Are you Chinese?
이름이 무엇입니까?
What is your name?
올리비아 씨는 어느 나라 사람입니까?
What country is Olivia from?

가: 회사원입니까?
A: Are you an office worker?
나: 네, 회사원입니다.
B: Yes, I am an office worker.

가: 누구입니까?
A: Who is it?
나: 노라입니다.
B: It's Nora.

2. 이/가 아닙니다

- **Meaning and Usage**

This is added after a noun to deny the noun. It is a negative Form of '입니다'

- **Form**

이 아닙니다 is added when the a noun ends in a consonant. "가 아닙니다"is added when a noun ends in a vowel.

Noun ending	Combine with	Example
Consonant	이 아닙니다	한국 사람이 아닙니다.
Vowel	가 아닙니다	가수가 아닙니다.

- **Example**

저는 가수가 아닙니다.
I am not a singer.
저는 한국 사람이 아닙니다.
I'm not Korean.
노라 씨는 기자가 아닙니다.
Nora is not a journalist.
김진우 씨는 선생님이 아닙니다.
Kim Jinwoo is not a teacher.

가: 일본 사람입니까?
A: Are you Japanese?
나: 아니요, 일본 사람이 아닙니다.
B: No, I am not Japanese.

가: 의사입니까?
A: Are you a doctor?
나: 아니요, 의사가 아닙니다.
B: No, I am not a doctor.

Unit 2 Objects

<1> What is that?

Dialogue

Yuna: Is this your classroom?
Yuki: Yes, this is our classroom.
Yuna: What is that?
Yuki: This is a computer.

Dialogue Vocabulary

교실 classroom
무엇 what
우리 we/us/our
컴퓨터 computer
그것 that (thing)
여기 here
이것 this (thing)

Vocabulary expansion

거울 mirror
문 door
옷걸이 clothes hanger
저것 that (thing)
창문 window
친구 friend
컴퓨터 computer
누가 who
달력 calendar
시계 clock
의자 chair
지도 map
책상 desk
칠판 blackboard
텔레비전 television

Grammar

1. 이/가

- **Meaning and Usage**

This is added after a noun to mark the noun as the subject of the sentence.

- **Form**

이 is added when a noun ends in a consonant. 가 is added when a noun ends in a vowel.

Noun ending	Combine with	Example
Consonant	이	선생님이, 책상이
Vowel	가	친구가, 의자가

- **Example**

제 친구가 은행원입니다.
My friend is a bank teller.

이것이 한국어 책입니다.
This is a Korean book.

마리아 씨가 가수입니까?
Is Maria a singer?

누가 제이슨 씨입니까?
Who is Jason?

가: 친구 이름이 노라입니까?
A: Is your friend's name Nora?

나: 네, 친구 이름이 노라입니다.
B: Yes, my friend's name is Nora.

가: 누가 요리사입니까?
A: Who is a chef?

나: 레오 씨가 요리사입니다.
B: Leo is a chef.

- **Note**

For personal pronouns 나, 너, 저, they respectively become 내가, 네가, 제가 when 가 is added. The interrogative pronoun 누구 becomes 누가 when 가 is added.

2. 이, 그, 저

- **Meaning and Usage**

This is used in front of a noun to refer to people or things. '이' is used for things near the speaker or the fact currently speaking. '그' is used for things near the listener or what was mentioned previously or the facts known by both the speaker and the listener. '저' is used for things that are away from both the speaker and the listener.

- **Example**

이 분이 우리 선생님입니다.
This is our teacher.

그 교과서는 제 교과서입니다.
That textbook is my textbook.

이 교실이 1급 교실입니까?
Is this Level 1 classroom?

저것이 무엇입니까?
What is that?

가: 이 지도가 한국 지도입니까?
A: Is this a map of Korea?

나: 네, 그 지도가 한국 지도입니다.
B: Yes, that is a map of Korea.

가: 저것이 무엇입니까?
A: What is that?

나: 저것이 시계입니다.
B: That is a clock.

<2> Do you have a book?

Dialogue

Yuki: Do you have a book?
Eric: Yes, I have a book.
Yuki: Do you have a Notebook also?
Eric: No, I don't have.

Dialogue Vocabulary

공책 **Notebook** | 책 **book**
없다 **to not have** | 있다 **to have**

Vocabulary expansion

가방 **bag**	공책 **notebook**
볼펜 **pen**	돈 **money**
신문 **newspaper**	연필 **pencil**
잡지 **magazine**	지갑 **wallet**
지우개 **eraser**	책 **book**
필통 **pencil case**	학생증 **student ID card**
휴대전화 **cell phone**	휴지 **tissue**

Grammar

1. 이/가 있습니다(없습니다)(possession)

- **Meaning and Usage**

'-이/가 있습니다' is added after a noun to indicate possession. '-이/가 없습니다' is used to express the opposite meaning of '-이/가 있습니다'.

- **Form**

'이 있습니다(없습니다)' is used when a noun ends in a consonant and '가 있습니다(없습니다)' is used when a noun ends in a vowel.

Nound ending	Combine with	Example
Consonant	이 있습니다 (없습니다)	책상이 있습니다 (없습니다).
Vowel	가 있습니다 (없습니다)	의자가 있습니다 (없습니다).

- **Example**

유키 씨는 여동생이 있습니다.
Yuki has a younger sister.

공책이 있습니다.
I have a Notebook.

저는 돈이 없습니다.
I don't have money.

존 씨, 한국 친구가 있습니까?
John, do you have a Korean friend?

가: 돈이 있습니까?
A: Do you have money?
나: 네, 돈이 있습니다.
B: Yes, I have money.
가: 휴지가 있습니까?
A: Do you have tissue?
나: 아니요, 휴지가 없습니다.
B: No, I do not have tissue.

2. 도

- **Meaning and Usage**

This is added after a noun to indicate that the same or similar contents mentioned previously are added.

- **Example**

연필이 있습니다. 볼펜도 있습니다.
I have a pencil. I also have a pen.
미국 친구가 있습니다. 한국 친구도 있습니다.
I have a American friend. I also have a Korean friend.
이것이 한국어 책입니다. 저것도 한국어 책입니다.
This is a Korean book. That is also a Korean book.
유키 씨는 기자입니다. 노라 씨도 기자입니까?
Yuki is a journalist. Is Nora also a journalist?

에릭 씨는 회사원입니다.
Eric is an office worker.
김우진 씨도 회사원입니다.
Woojin Kim is also an office worker.

가: 신문이 있습니까?
A: Do you have a newspaper?
나: 네, 신문이 있습니다.
B: Yes, have a newspaper.
가: 잡지도 있습니까?
A: Do you also have a magazine?
나: 네, 잡지도 있습니다.
B: Yes, I also have a magazine.

- **Note**

It can be combined with particle '에'and '에서'as the Form of '에도','에서도'

- **Example)**

책이 책상 위에 있습니다. 가방 안에도 있습니다.
A book is on top of a desk. It is also inside the bag.
학생들이 중국에서 많이 옵니다. 일본에서도 많이 옵니다.
There are many students from China. There are also many students from Japan.

Unit 3 School

<1> The bank is in the student union.

Dialogue

Eric: Yuna, where is the library?
Yuna: Library is in front of the student union.
Eric: Where is the bank?
Yuna: The bank is in the student union.

Dialogue Vocabulary

도서관 library	안 in/inside
앞 front	어디 where
은행 bank	학생회관 student union

Vocabulary expansion

기숙사 dormitory	꽃 flower
도서관 library	뒤 behind
밖 out/outside	사무실 office
서점 bookstore	식당 restaurant
아래 below/under	안 in/inside
앞 front	옆 next to
우체국 post office	위 above
은행 bank	저기 over there
체육관 gym	편의점 convenient store
학생회관 student union	

Grammar

1. 에 있습니다(없습니다)(existence)

- **Meaning and Usage**

This is added after a locative noun in order to express the location of a person or an item. '에 있습니다' is used to express where a person or an item is existed and when it does not exist '에 없습니다' is used.

- **Example**

공책이 가방 안에 있습니다.
The Notebook is inside the bag.
윤아 씨가 교실에 없습니다.
Yuna is not in the classroom.
교실에 지도가 있습니까?
Is there a map in the classroom?
은행이 어디에 있습니까?
Where is the bank?

가: 꽃이 어디에 있습니까?
A: Where is the flower?
나: 꽃이 책상 위에 있습니다.
The flower is on the desk.

가: 학교에 기숙사가 있습니까?
A: Is there a dormitory in school?
나: 아니요, 학교에 기숙사가 없습니다.
B: No, There is no dormitory in school.

2. 은/는²(contrast)

- **Meaning and Usage**

This is added after a noun to express the contrastive feature of the two nouns that are compared.

- **Form**

'은' is used when a noun ends in a consonant and '는' is used when a noun ends in a vowel.

Noun ending	Combine with	Example
Consonant	은	선생님은, 책상은
Vowel	는	친구는, 의자는

- **Example**

달력이 있습니다. 지도는 없습니다.
There is a calendar. There is no map.
이것은 연필입니다. 저것은 볼펜입니다.
This is a pencil. That is a pen.
유키 씨가 기자입니다. 올리비아 씨는 외교관입니다.
Yuki is a reporter. Olivia is a diplomat.
은행은 서점 앞에 있습니다. 우체국은 어디에 있습니까?
The bank is inside the bookstore. Where is the post office?

한국 친구가 있습니다.
I have Korean friends.
미국 친구는 없습니다.
I don't have American friends.

가: 여기가 어디입니까?
A: Where is it?
나: 기숙사입니다.
B: It's a dormitory.
가: 저기는 어디입니까?
A: Where is that?
나: 도서관입니다.
B: That's the library.

- **Note**

'은/는' is not used with the subjective particle '이/가', objective particle '을/를'and '도'but used with '에','에서' as '에는'and '에서는'.

- **Example**

미국에 친구가 많습니다. 한국에는 없습니다.
I have many friends in the U.S. I have none in Korea.
Section 2 The dorm room is very nice.

<2> The dorm room is very nice.

Dialogue

Eric: Yuna, how is the dorm room?
Yuna: The dorm room is very nice.
Eric: What is near the dormitory?
Yuna: There is a student cafeteria and a post office.

Dialogue Vocabulary

근처 near
학생식당 student cafeteria
좋다 to be good/nice
방 room
어떻다 to be how
아주 very

Vocabulary expansion

날씨 weather
덥다 to be hot
시끄럽다 to be noisy
적다 to be little/few
좋다 to be good/nice
크다 to be big
나쁘다 to be bad
많다 to be many/much
작다 to be small
조용하다 to be quiet
춥다 to be cold

Grammar

1.-습니다/ㅂ니다, -습니까?/ㅂ니까?

- **Meaning and Usage**

'-습니다/ㅂ니다' is added to an action verb and a descriptive verb to explain subject's action or condition. '-습니까/ㅂ니까?' is used when questioning a situation. It is used in a Formal situation and when speaking politely to another person.

- **Form**

-습니다,-습니까? are added when the stem ends in a consonant. -ㅂ니다,-ㅂ니까? are added when the stem ends in a vowel.

Action verb and descriptive verb stem ending	Combine with	Example
Consonant	-습니다, -습니까?	덥습니다, 많습니까?
Vowel	-ㅂ니다, -ㅂ니까?	큽니다, 잡니까?

- **Example**

학교가 큽니다.
The school is big.
책이 많습니다.
There are many books.
에릭 씨가 잡니다.
Eric is sleeping.
날씨가 춥습니까?
Is the weather cold?

가: 도서관이 큽니까?
A: It the library big?
나: 네, 아주 큽니다.
B: Yes, it's very big.

가: 날씨가 어떻습니까?
A: How's the weather?
나: 덥습니다.
B: It's hot.

2. 과/와(하고)

- **Meaning and Usage**

It is added after a noun in order to list two or more nouns of equal value. For spoken language '하고' is used.

- **Form**

'과' is used when noun ends in a consonant and '와' is used when noun ends in a vowel.

Noun ending	Combine with	Example
Consonant	과	선생님과, 동생과
Vowel	와	친구와, 리에 씨와

- **Example**

호주 사람과 미국 사람이 있습니다.
There is an Australian and an American.
교실에 시계와 달력이 있습니다.
There is a clock and a calendar in a classroom.
제 친구 노라 씨하고 흐엉 씨입니다.
They are my friends Nora and Huang.
기숙사하고 체육관이 식당 옆에 있습니까?
Is the dormitory and the gym next to the restaurant?

가: 가방에 무엇이 있습니까?
A: What's in your bag?
나: 가방에 책과 공책이 있습니다.
B: There are books and Notebooks in my bag.

가: 누구입니까?
A: Who are they?
나: 에릭하고 리타오입니다.
B: They are Eric and Letao.

Unit 4 Friends

<1> Are you learning Korean?

Dialogue

Yuna: Who is that person?
Yuki: He is my friend, Eric. Eric is from the U.S.
Yuna: Is Eric also learning Korean?
Yuki: Yes, Eric is also learning Korean.

Dialogue Vocabulary

저분 that person
배우다 to learn
한국말 Korean
왔습니다 to come(came)

Vocabulary expansion

물 water
빵 bread
음악 Music
중국말 Chinese
프랑스말 French
가르치다 to teach
듣다 to listen/hear
만나다 to meet
배우다 to learn
사다 to buy
읽다 to read
지금 now
베트남말 Vietnamese
영어 English
일본말 Japanese
커피 coffee
한국말 Korean
기다리다 to wait
마시다 to drink
먹다 to eat
보다 to see
쓰다 to write
입다 to wear

Grammar

1. 에서 오다

- **Meaning and Usage**

This is added to a noun such as country or city name in order to express where the subjet comes from(origin, hometown).

- **Example**

올리비아는 호주에서 왔습니다.
Olivia is from Australia.
저는 중국 베이징에서 왔습니다.
I am from Beijing, China.
존 씨, 미국에서 왔습니까?
John, are you from the U.S?
주앙 씨는 어디에서 왔습니까?
Where is Juang from?

가: 중국에서 왔습니까?
A: Are you from China?
나: 아니요, 저는 일본에서 왔습니다.
B: No, I am from Japan.

가: 레오 씨는 어디에서 왔습니까?
A: Where is Leo from?
나: 레오 씨는 프랑스 파리에서 왔습니다.
B: Leo is from Paris, France.

- **Note**

It is used in a Form of '에서 왔습니까?' and '에서 왔습니다'.

2. 을/를

- **Meaning and Usage**

This is added after a noun to indicate the noun is an object.

- **Form**

을 is added when a noun ends in a consonant. 를 is added when a noun ends in a vowel.

Noun ending	Combine with	Example
Consonant	을	책을, 한국말을
Vowel	를	영화를, 누구를

- **Example**

저는 책을 읽습니다.
I read a book.
에릭 씨는 한국말을 배웁니다.
Eric learns Korean.
유키 씨가 영화를 봅니까?
Dose Yuki watch a movie?
누구를 기다립니까?
Who do you wait for?

가: 에릭 씨, 빵을 삽니까?
A: Eric, do you buy the bread?
나: 네, 빵을 삽니다.
B: Yes, I do.

가: 존 씨가 무엇을 마십니까?
A: What dose John drink?
나: 존 씨가 커피를 마십니다.
B: John drinks coffee.

<2> I play games with Juang.

Dialogue

John: Letao, do you play games everyday?
Letao: Yes, I play games at the internet cafe everyday.
John: Who do you play with?
Letao: I play with Juang.

Dialogue Vocabulary

게임 **game** 피시방 **internet cafe**
날마다 **everyday** 하다 **to do**

Vocabulary expansion

꽃집 **flower shop**
노래방 **Noreabang(singing room)**
문구점 **stationary** 백화점 **department store**
빵집 **bakery**
찜질방 **jjimjilbang(korean sauna)**
태권도 **taekwondo** 피시방 **internet cafe**
게임하다 **to play game** 공부하다 **to study**
노래하다 **to sing** 식사하다 **to have a meal**
아르바이트하다 **to work part time**
운동하다 **to exercise** 일하다 **to work**

Grammar

1. 에서

- **Meaning and Usage**

This is added after a noun that is indicate the place, to express where the action occurred.

- **Example**

저는 학생식당에서 점심을 먹습니다.
I eat lunch at the student cafeteria.
리타오 씨는 편의점에서 아르바이트를 합니다.
Letao has a part time work at the convenient store.
누가 도서관에서 공부합니까?
Who studies in the library?
에릭 씨가 어디에서 한국말을 배웁니까?
Where does Eric learn Korean?

가: 유키 씨, 백화점에서 가방을 삽니까?
A: Yuki, do you buy a bag in a department store?
나: 네, 저는 백화점에서 가방을 삽니다.
B: Yes, I buy a bag in a department store.

가: 노라 씨가 어디에서 태권도를 합니까?
A: Where does Nora do Taekwondo?
나: 노라 씨가 학교 체육관에서 태권도를 합니다.
B: Nora does Taekowndo at the school gym.

2. 과/와 같이

- **Meaning and Usage**

This is added after a noun to express the subject is doing the action with the noun. '하고 같이'is used for more colloquial expression.

- **Form**

'과' is used when a noun ends in a consonant and '와' is used when a noun ends in a vowel.

Noun ending	Combine with	Example
Consonant	과	선생님과 같이
Vowel	와	친구와 같이

- **Example**

저는 친구와 같이 노래합니다.
I am singing with my friend.
노라 씨가 선생님과 같이 이야기합니다.
Nora is talking to the teacher.
누가 에릭 씨하고 영화를 봅니까?
Who is watching the movie with Eric?
윤아 씨가 누구하고 같이 밥을 먹습니까?
Who is Yuna eating with?

가: 친구와 같이 식사를 합니까?
A: Are you eating with your friend?
나: 네, 친구와 같이 식사를 합니다.
B: Yes, I'm eating with my friend.

가: 누구하고 같이 노래합니까?
A:Who are you singing with?
나: 존 씨하고 같이 노래합니다.
B: I'm singing with John.

- **Note**

When speaking '같이' can be omitted.

Unit 5 Hometown

<1> I am going to hometown.

Dialogue

Letao: Olivia, when are you going to your hometown?
Olivia: I'm going tomorrow.
Letao: What do you want to do in your hometown?
Oliva: I want to swim in the ocean.

Dialogue Vocabulary

고향 hometown	내일 tomorrow
바다 ocean	수영 swimming
언제 when	가다 to go

Vocabulary expansion

강 river	고향 hometown
바다 ocean	산 mountain
집 house/home	호수 lake
회사 company	

가족을 만나다 to meet family
고향 음식을 먹다 to eat hometown food
고향 친구를 만나다 to meet hometown friends
고향에 가다 to go to hometown

누구 who	무엇 what
어디 where	언제 when

Grammar

1. 에 가다(오다)

- **Meaning and Usage**

This is added to a place noun to indicate that the subject is moving to the location. 가다 is used when a subject is away from the speaker and '오다' is used when a subject gets closer to the speaker.

- **Example**

저는 학교에 갑니다.
I am going to the school.
존 씨가 노래방에 갑니다.
John is going to a singing room.
오늘 친구가 집에 옵니까?
Is my friend coming to my house?
내일 어디에 갑니까?
Where are you going tomorrow?

가: 집에 갑니까?
A: Are you going home?
나: 네, 집에 갑니다.
B: Yes, I'am going home.

가: 어디에 갑니까?
A: Where are you going?
나: 회사에 갑니다.
B: I'm going to the company.

2. -고 싶다

- **Meaning and Usage**

This is added to an action verb to express the desire to do something.

- **Example**

저는 쉬고 싶습니다.
I want to take a rest.
저는 책을 읽고 싶습니다.
I want to read a book.
주앙 씨, 영화를 보고 싶습니까?
Juang, do you want to watch a movie?
올리비아 씨, 어디에 가고 싶습니까?
Olivia, where do you want to go?

가: 흐엉 씨, 자고 싶습니까?
A: Huang, do you want to sleep?
나: 네, 저는 자고 싶습니다.
B: Yes, I want to sleep.

가: 주앙 씨, 무엇을 마시고 싶습니까?
A: Juang, what do you want to drink?
나: 저는 커피를 마시고 싶습니다.
B: I want to drink a coffee.

- **Note**

This can be used with an action verb but not with a descriptive verb. In first person '-고 싶다' is used but in third person '-고 싶어하다' is used.

<2> Hawaii is quiet and beautiful.

Dialogue

Woojin: Eric, where is your hometown?
Eric: My hometown is Hawaii.
Woojin: Seoul is crowded. How is Hawaii?
Eric: Hawaii is not crowded. Hawaii is quiet and beautiful.

Dialogue Vocabulary

서울 **Seoul**	하와이 **Hawaii**
복잡하다 **to be crowed**	아름답다 **to be beautiful**

Vocabulary expansion

경치 **scenery**	남자 **man**
생선 **fish**	생활 **life/living**
여자 **woman**	깨끗하다 **to be clean**
더럽다 **to be dirty**	바쁘다 **to be busy**
복잡하다 **to be crowded**	아름답다 **to be beautiful**
예쁘다 **to be pretty**	재미없다 **to be not fun**
재미있다 **to be fun**	친절하다 **to be kind**
한가하다 **to be not busy**	

Grammar

1. -지 않다

- **Meaning and Usage**

This is added to an action verb and a descriptive verb to make negative sentence. The short Form '안 ~' is also used in front of an action verb and a descriptive verb.

- **Example**

저는 바쁘지 않습니다.
I am not busy.
동생이 학교에 가지 않습니다.
My brother does not go to school.
노라 씨는 친구가 많지 않습니다.
Nora does not have many friends.
무엇을 하고 싶지 않습니까?
What don't you want to do?

가: 날씨가 춥습니까?
A: Is the weather cold?
나: 아니요, 춥지 않습니다.
B: No, it is not cold.

가: 누가 생선을 먹지 않습니까?
A: Who dose not eat the fish?
나: 흐엉 씨가 생선을 먹지 않습니다.
B: Huang dose not eat the fish.

- **Note**

For a negative question and statement '-지 않다' is changed to '-지 않습니까?' and'-지 않습니다'. For negative command and request '-지 말다' is changed to '-지 마십시오', '-지 맙시다'.

2. -고¹(list)

- **Meaning and Usage**

This is added to an action verb or a descriptive verb in order to list two or more actions, state, or facts.

- **Example**

집이 크고 깨끗합니다.
The house is big and clean.
피시방이 시끄럽고 복잡합니다.
Internet cafe is noisy and crowded.
저는 공부하고 동생은 운동합니다.
I am studying and my brother is exercising.
유키 씨는 기자이고 에릭 씨는 회사원입니다.
Yuki is a journalist and Eric is an office worker.

가: 존 씨가 친절합니까?
A: Is John kind?
나: 네, 존 씨가 친절하고 재미있습니다.
B: Yes, John is kind and fun.

가: 이 사람들이 무엇을 합니까?
A: What are they doing?
나: 남자는 자고 여자는 공부합니다.
B: The man is sleeping and the woman is studying.

Unit 6 School Life

<1> Everyday, I study from nine to one o'clock.

Dialogue

Woojin: What time do you study Korean?
Eric: Everyday, I study Korean from nine to one o'clock.
Woojin: When do you usually eat lunch?
Eric: I eat lunch at one thirty.

Dialogue Vocabulary

몇 **what**	반 **half**
보통 **usually**	시 **time/hour**

아홉 nine
하나(한) one
점심 lunch

Vocabulary expansion

반 half
영화 movie
오후 afternoon
점심 lunch
둘(두) two
넷(네) four
여섯 six
여덟 eight
열 ten
열둘 twelve
아침 morning/breakfast
오전 morning
저녁 dinner/evening
하나 one
셋(세) three
다섯 five
일곱 seven
아홉 nine
열하나 eleven
시 time/hour

Grammar

1. 에[1](time)

- **Meaning and Usage**

This is added at the end of a temporal noun in order to express the time when an action or situation is taking place.

- **Example**

에릭 씨가 여덟 시에 회사에 갑니다.
Eric goes to work at eight o'clock.
저는 오전에 한국말을 배웁니다.
I learn Korean in the morning.
저는 주말에 영화를 보고 싶습니다.
I want to watch a movie on the weekend.
리타오 씨, 몇 시에 잡니까?
Letao, what time do you sleep?

가: 아침에 운동을 합니까?
A: Do you exercise in the morning?
나: 네, 아침에 운동을 합니다.
B: Yes, I exercise in the morning.

가: 몇 시에 영어를 배웁니까?
B: What time do you learn English?
나: 여덟 시에 영어를 배웁니다.
B: I learn English at 8 o'clock.

- **Note**

It is not added to nouns such as 어제(yesterday), 오늘(today), 내일(tomorrow), 모레(the day after tomorrow), and 그제(the day before yesterday).

2. 부터 까지

- **Meaning and Usage**

This is added to a noun to indicate the beginning and the ending point. When a noun is a time, it represent the beginning and the end of time and when a noun is a place, it represent the beginning and the end of the place.

- **Example**

에릭 씨는 아홉 시부터 여섯 시까지 일합니다.
Eric works from nine o'clock to six o'clock.
유키 씨는 아침부터 저녁까지 도서관에서 공부합니다.
Yuki studies at the library from morning until evening.
1층부터 5층까지 교실이 있습니다.
There are classrooms from first to fifth floor.
몇 쪽부터 몇 쪽까지 책을 읽습니까?
From what page to what page do you read the book?

여덟 시부터 열 시 반까지 영화를 봅니다.
I watch movie from 8 to 10:30.

가: 몇 시부터 몇 시까지 일합니까?
A: From what time to what time do you work?
나: 아홉 시부터 다섯 시까지 일합니다.
B: I work from 9 to 5 o'clock.

<2> Do your homework at home.

Dialogue

Teacher: There is no class tomorrow. Do your homework at home.
Yuki: Teacher, what is the homework?
Teacher: Copy the dialogue on page 30 from the textbook.
Yuki: Okay, I understand. How many times should I write?

Dialogue Vocabulary

교과서 textbook
번 times
수업 class
쪽 page
대화 conversation/dialogue
30(삼십) thirty
숙제 homework
알겠습니다 to know(okay)

Vocabulary expansion

고맙다 to thank
운전하다 to drive
피곤하다 to be tired
닫다 to close
전화하다 to call
복습을 하다 to review
숙제를 하다 to do homework
시험을 보다 to take a test
예습을 하다 to study in advance
일 one
삼 three
오 five
칠 seven
구 nine
이십 twenty
사십 forty
분 minute
이 two
사 four
육 six
팔 eight
십 ten
삼십 thirty
오십 fifty

Grammar

1. -으십시오/십시오

- **Meaning and Usage**

This is added to a action verb when respectfully command and suggest to a respectful person. It is used as an expression in a Formal situation.

- **Form**

'십시오' is used when a action verb stem ends in a vowel or 'ㄹ', and '-으십시오' is used when a actin verb stem ends in a consonant.

Action verb stem ending	Combine with	Example
Consonant	-으십시오	읽으십시오, 앉으십시오
Vowel, ㄹ	십시오	쉬십시오, 파십시오

- **Example**

쉬십시오.
Take a break.
교과서를 읽으십시오.
Read a textbook.
일찍 오십시오.
Come early.
술을 많이 마시지 마십시오.
Don't drink too much.

가: 이것을 드십시오.
A: Eat this.
나: 고맙습니다.
B: Thank you.

가: 창문을 닫지 마십시오.
A: Don't close the window.
나: 알겠습니다.
B: Okay.

- **Note**

This can be used with an action verb but not with a descriptive verb. The negative Form is '-지 마십시오'

2. -을까요?/ㄹ까요?[1](question)

- **Meaning and Usage**

This is added to an action verb in order to inquire about the listener's opinion and thoughts for the action that speaker is trying to do.

- **Form**

'-ㄹ까요? is used when a action verb stem ends in a vowel or 'ㄹ', and '-을까요?' is used when a actin verb stem ends in a consonant.

Action verb stem ending	Combine with	Example
Consonant	-을까요?	먹을까요?, 읽을까요?
Vowel, ㄹ	-ㄹ까요?	설까요?, 놀까요?

- **Example**

제가 이야기할까요?
Should I speak?
주말에 노라 씨 집에 갈까요?
Should I go to Nora's house?
어디에서 기다릴까요?
Where should I wait?
교과서 몇 쪽을 읽을까요?
What page of textbook should I read?

가: 피곤합니다.
A: I am tired.
나: 제가 운전할까요?
B: Should I drive?

가: 어디에 이름을 쓸까요?
A: Where should I write my name?
나: 여기에 이름을 쓰십시오.
B: Write your name here.

- **Note**

This should only be used with an action verb. with descriptive verb, this shows an assumption of the speaker. The subject is the speaker, and the subject is not explicitly mentioned.

Unit 7 Food

<1> What kind of food do you like?

Dialogue

Yuna: Huang, what kind of food do you like?
Huang: I like bulgogi. Bulgogi is not spicy and it's delicious.
Yuna: Then should I make it for you?
Huang: Yes, sounds good.

Dialogue Vocabulary

불고기 **bulgogi**
맛있다 **to be delicious**
좋아하다 **to like**
그럼 **then**
만들다 **to make**
맵다 **to be spicy**
무슨 **what kind**

Vocabulary expansion

과일 fruit
냉면 naengmyeon(cold noodle)
녹차 green tea
딸기 strawberry
맛 taste
불고기 bulgogi
비빔밥 bibimbap
사과 apple
삼계탕 samgyetang(ginseng chicken soup)
샌드위치 sandwich
서양 western
액션영화 action movie
우동 udon
유자차 citron tea
음식 food
자장면 jajangmyeon
짬뽕 jjamppong
차 tea
초밥 sushi
코미디 영화 comedy movie
피자 pizza
맛없다 to be not delicious
맛있다 to be delicious
길다 to be long
놀다 to play/hang out
달다 to be sweet
만들다 to make
멀다 to be far
살다 to live
알다 to know
열다 to open

Grammar

1. 무슨

- **Meaning and Usage**

This is used in front of a noun when asking about uncertain situation, objects and things.

- **Example**

무슨 책을 읽을까요?
What kind of book should I read?
무슨 음식이 맛있습니까?
What kind of food is delicious?
무슨 운동을 좋아합니까?
What kind of exercise do you like?
무슨 차를 마시고 싶습니까?
What kind of tea do you want to drink?

가: 무슨 음식을 먹고 싶습니까?
A: What kind of food do you want to eat?
나: 비빔밥을 먹고 싶습니다.
B: I want to eat bibimbap.

가: 무슨 운동이 재미있습니까?
A: What kind of exercise is fun?
나: 태권도가 재미있습니다.
B: Taekwondo is fun.

2. ㄹ동사

- **Meaning and Usage**

For the action verb and the descriptive verb that their stem ends with 'ㄹ', the batchim 'ㄹ' is omitted when the verbs are followed by 'ㄴ', 'ㅂ', 'ㅅ'. For Example, '살다' becomes '사는데, 삽니다, and 사십시오'. These are called 'ㄹ'verbs, action verbs 놀다, 만들다, 살다, 알다, 열다 ...' and descriptive verbs '길다, 달다, 멀다'are included.

- **Example**

하늘 씨는 서울에서 삽니다.
Haneul lives in Seoul.
음식이 조금 답니다.
The food is little sweet.
저는 삼계탕을 만들고 싶습니다.
I want to cook samgyetang.
윤아 씨 전화번호를 압니까?
Do you know Yuna's phone number?

가: 이 음식이 답니까?
A: Is this food sweet?
나: 아니요, 달지 않습니다. 맵습니다.
B: No, it is not sweet. It's spicy.

가: 아주 덥습니다.
A: It's very hot.
나: 그럼 창문을 여십시오.
B: Then open the window.

<2> What should we order?

Dialogue

Eric: I'm hungry. What should we order?
Yuna: The samgyeopsal and naengmyeon is delicious in this restaurant.
Eric: Then, let's order samgyeopsal and naengmyeon.
Yuna: Sounds good. Excuse me, we will have two portions of samgyeopsal and two bowls of naengmyeon.

Dialogue Vocabulary

그릇 bowl
삼겹살 samgyeopsal(pork belly)
인분 portion
시키다 to order
주다 to give
여기요 excuse me
배가 고프다 to be hungry

Vocabulary expansion

같이 together
김밥 kimbap
맥주 beer
앉다 to sit
개 counting word for objects
그릇 bowl
마리 counting word for animal/fish
병 bottle
인분 portion
잔 cup
줄 row
판 pan

Grammar

1. -을까요?/ㄹ까요?²(suggestion)

- **Meaning and Usage**

This is added to a action verb for suggesting doing something together and asking for opinion.

- **Form**

'-ㄹ까요? is used when a action verb stem ends in a vowel or 'ㄹ', and '-을까요?' is used when a actin verb stem ends in a consonant.

Action verb stem ending	Combine with	Example
Consonant	-을까요?	먹을까요?, 앉을까요?
Vowel, ㄹ	-ㄹ까요	갈까요?, 만들까요?

- **Example**

커피를 마실까요?
Should we drink a coffee?
같이 점심을 먹을까요?
Should we have lunch together?
우리 어디에 갈까요?
Where Shouldwe go?
무슨 영화를 볼까요?
What movie Should we watch?

가: 배가 고픕니다.
A: I am hungry.
나: 그럼 같이 식당에 갈까요?
B: Then Should we go to the restaurant?

가: 우리 여기에 앉을까요?
A: Should we sit here?
나: 네, 좋습니다.
B: Yes, sounds good.

- **Note**

This should only be used with an action verb. With descriptive verb, this shows an assumption of the speaker.

2. -읍시다/ㅂ시다

- **Meaning and Usage**

This is added to an action verb to suggest doing something together to the listener or to express consent to another person's suggestion. It is an expression used in a Formal situation.

- **Form**

'-ㅂ시다' is used when a action verb stem ends in a vowel or 'ㄹ', and '-읍시다' is used when a actin verb stem ends in a consonant.

Action verb stem ending	Combine with	Example
Consonant	-읍시다	읽읍시다, 앉읍시다
Vowel, ㄹ	-ㅂ시다	탑시다, 만납시다

- **Example**

택시를 탑시다.
Let's take a taxi.
다섯 시에 만납시다.
Let's meet at five o'clock.
같이 저녁을 먹읍시다.
Let's have dinner together.
그 식당에 가지 맙시다.
Let's not go to that restaurant.

가: 우리 같이 공부할까요?
A: Shall we study together?
나: 네, 같이 공부합시다.
B: Yes, let's study together.

가: 맥주를 마실까요?
A: Shall we drink beer?
나: 아니요, 맥주를 마시지 맙시다.
B: No, let's not drink a beer.

- **Note**

This should only be used with an action verb. Negative Form is '-지 맙시다'. It can not be said to one's elder or superior.

Unit 8 Daily Life

<1> What day is it today?

Dialogue

Yuna: What day is it today?
Yuki: It's Saturday.
Yuna: Do you go to school today?
Yuki: No, I don't go to school today.

Dialogue Vocabulary

오늘 **today** | 요일 **days of the week**
토요일 **Saturday**

Vocabulary expansion

며칠 **what day** | 생일 **birthday**
크리스마스 **Christmas** | 월요일 **Monday**
화요일 **Tuesday** | 수요일 **Wednesday**
목요일 **Thursday** | 금요일 **Friday**
토요일 **Saturday** | 일요일 **Sunday**
월 **month** | 일 **day**

Grammar

1. 이에요/예요

- **Meaning and Usage**

This is added to a noun to represent the attribute or the state of the subject. It is an inFormal expression of '입니다'.

- **Form**

'**이에요**' is used when a noun ends in a consonant and '**예요**' is used when a noun ends in a vowel.

Noun ending	Combine with	Example
Consonant	이에요	책상이에요, 회사원이에요
Vowel	예요	학교예요, 민철 씨예요

- **Example**

저는 회사원이에요.
I am an office worker.
여기는 우리 학교예요.
This is our school.
저 사람은 올리비아 씨가 아니에요.
That is not Olivia.
오늘이 무슨 요일이에요?
What day is it today?

가: 마이클 씨, 학생이에요?
A: Michael, are you a student?
나: 아니요, 저는 학생이 아니에요. 회사원이에요.
B: No, I am not a student. I am an office worker.

가: 생일이 언제예요?
A: When is your birthday?
나: 2월 19일이에요.
B: It's February 19th.

- **Note**

Negative Form is '이/가 아니에요'therefore '회사원이 아니에요.' and '우리 학교가 아니에요.' are used.

2. -어요/아요/여요

- **Meaning and Usage**

This is added to an action verb or a descriptive verb to explain and question subject's action, condition, and situation. It is inFormal expression of '-습니다/ㅂ니다', '-습니까/ㅂ니까?' and used a lot in everyday conversation.

- **Form**

'**-아요**' is used when an action verb and a descriptive verb stem syllables end with 'ㅏ'ㅗ', '**-어요**'are used for other syllables (ㅓ,ㅜ,ㅡ,ㅣ) and '**-여요**'(**해요**)is usde for '**하-**'.

Active verb and descriptive verb stem syllable	Combine with	Example
ㅏ, ㅗ	-아요	작아요, 와요
Other Vowel (ㅓ, ㅜ, ㅡ, ㅣ)	-어요	없어요, 울어요, 커요, 입어요
하	-여요(해요)	좋아해요, 깨끗해요

- **Example**

이 영화가 재미있어요.
This movie is fun.
주말에 회사에 가지 않아요.
I don't go to work on the weekend.
제 고향에 눈이 많이 와요.
It is snowing a lot in my hometown.
우진 씨는 무슨 음식을 좋아해요?
Woojin, what kind of food do you like?

가: 교실에 책상이 많아요?
A: Are there a lot of desks in a classroom?
나: 네, 책상이 많아요.
B: Yes, there are a lot of desks.

가: 어디에서 운동해요?
A: Where do you exercise?
나: 저는 체육관에서 운동해요.
B: I exercise at a gym.

- **Note**

Based on the intonation, this can be used as a narrative or question. Depends on the context, it can be used as a command or a request.

<2> What do you do after dinner?

Dialogue

Olivia: Letao, what do you do after dinner?
Letao: I go for a stroll.
Olivia: What do you do after you take a stroll?
Letao: First I take a shower. And I listen to music.

Dialogue Vocabulary

산책 **stroll**
샤워하다 **to take a shower**
먼저 **first**
저녁 **dinner/evening**
그리고 **and**
뭘 **what**

Vocabulary expansion

끝나다 to finish
샤워하다 to take a shower
세수하다 to wash one's face
일어나다 to wake up
자다 to sleep
길을 묻다 to ask for direction
아침을 먹다 to eat breakfast
이를 닦다 to brush one's teeth
저녁을 먹다 to eat dinner
점심을 먹다 to eat lunch
컴퓨터를 하다 to use a computer
걷다 to walk
듣다 to listen/hear
묻다 to ask
싣다 to load
닫다 to close
받다 to receive

Grammar

1. -고²(sequence)

- **Meaning and Usage**

This is added to an action verb to indicate that the second action continued after the first action.

- **Example**

저는 숙제하고 놀아요.
I do my homework and then play.
영화를 보고 저녁을 먹읍시다.
I watch a movie and then have dinner
밥을 먹고 커피를 마실까요?
Shall we eat and then have coffee?
이를 닦고 세수해요? 세수하고 이를 닦아요?
Do you brush your teeth and then wash your face or wash your face and then brush your teeth?

가: 먼저 영화를 보고 차를 마실까요?
A: Do you want to watch a movie then drink a tea?
나: 네, 영화를 보고 차를 마십시다.
B: Yes, let's watch a movie then drink a tea.

가: 아침을 먹고 무엇을 해요?
A: What do you do after breakfast?
나: 학교에 가요.
B: I go to school.

2. ㄷ동사

- **Meaning and Usage**

For some action verbs that their stem ends in 'ㄷ', final consonant 'ㄷ'changes to 'ㄹ' when followed by vowels. For Example, '걷다'used as '걸어요, 걸어서, 걸으니까, 걸을까요?'. These are called 'ㄷ verb'and '걷다, 듣다, 묻다, 싣다, etc.' are included.

- **Example**

길 좀 물읍시다.
Let me ask for direction.
우리 같이 걸을까요?
Shall we walk together?
이 가방을 차에 실을까요?
Shall I load this bag into the car?
저는 날마다 음악을 들어요.
I listen to music everyday.

가: 우리 좀 걸을까요?
A: Shall we walk?
나: 네, 같이 걸읍시다.
B: Yes, let's walk together.

가: 무슨 노래를 들어요?
A: What song are you listening to?
나: 한국 노래를 들어요.
B: I'm listening to Korean music.

- **Note**

'닫다, 받다, and 믿다'are not 'ㄷ verb'. They are reggular verbs.

Unit 9 Weekends

<1> I go to the playground to play soccer.

Dialogue

Nora: Juang, what do you usually do on weekends?
Juang: I often go to the playground to play soccer.
Nora: Is soccer fun?
Juang: Yes, it's little hard but fun.

Dialogue Vocabulary

운동장 playground
주말 weekend
축구 soccer
힘들다 to be hard
자주 often
좀 little

Vocabulary expansion

골프 golf
골프장 golf course
농구 basketball
농구장 basketball court
서핑 surfing
수영 swimming
수영장 swimming pool
스노보드 snowboard
스케이트 skate
스케이트장 skating rink
스키 ski
스키장 ski resort
요가 yoga
운동장 playground
지하철 subway
축구 soccer
탁구 table tennis
탁구장 table tennis room
테니스 tennis
테니스장 tennis court
비싸다 to be expensive
빌리다 to borrow/rent
빠르다 to be fast
잘하다 to do well
치다 to hit
타다 to ride

Grammar

1. -으러/러

• **Meaning and Usage**

This is added to an action verb to express a purpose of movement. It is usually followed by 가다 and 오다 type action verbs, such as 가다, 오다, and 다니다.

• **Form**

-으러 is added when the stem ends in a consonant. -러 is added when the stem ends in a vowel or ㄹ.

Action verb stem ending	Combine with	Example
Consonant	-으러	먹으러, 읽으러
Vowel, ㄹ	-러	만나러, 팔러

• **Example**

저는 친구를 만나러 가요.
I am going to meet my friend.
점심을 먹으러 학생식당에 갈까요?
Shall we go to the student cafeteria for lunch?
무엇을 하러 학교에 와요?
What do you come to school for?
옷을 사러 어디에 가요?
Where do you go to buy clothes?

가: 영화를 보러 갈까요?
A: Do you want to go watch a movie?
나: 네, 영화를 보러 갑시다.
B: Yes, let's go watch a movie.

가: 무엇을 하러 도서관에 가요?
A: Why for do you go to the library?
나: 책을 빌리러 도서관에 가요.
B: I go to the library to borrow books.

• **Note**

This should only be used with an action verb.

2. -지만

• **Meaning and Usage**

This is added to an action verb or a descriptive verb in order to link the second clause that is contrast to the first clause.

• **Example**

집이 예쁘지만 너무 좁아요.
The house is pretty but small.
한국말 공부가 어렵지만 재미있어요.
Studying Korean is hard but fun.
가방을 사고 싶지만 돈이 없어요.
I want to buy a bag but don't have money.
저는 김밥은 좋아하지만 냉면은 좋아하지 않아요.
I like kimbap but don't like nangmyeon.

가: 방이 깨끗합니까?
A: Is the room clean?
나: 네, 방이 깨끗하지만 좀 작습니다.
B: Yes, the room is clean but small.

가: 갈비가 어떻습니까?
A: How is the galbi?
나: 맛있지만 비쌉니다.
B: It is delicious but expensive.

<2> What will you do on the weekend?

Dialogue

Juang: What will you do on the weekend?
Nora: I'm going to clean. My room is very dirty.
How about you?
Juang: I'm going hiking with John.
Nora: I want to go, too.

Dialogue Vocabulary

등산하다 **to hike**
청소하다 **to clean**
너무 **too much**

Vocabulary expansion

김치 **kimchi**
아이 **child**
한식 **Korean food**
데이트하다 **to go out with someone**
등산하다 **to hike**
빨래하다 **to do laundry**
쇼핑하다 **to go shopping**
여행하다 **to travel**
청소하다 **to clean**
너무 **too much**
많이 **much/many**
아주 **very**
조금 **little/few**
좀 **little/few**
귀엽다 **to be cute**
더럽다 **to be dirty**
덥다 **to be hot**
돕다 **to help**
맵다 **to be spicy**
반갑다 **to be glad**
쉽다 **to be easy**
시끄럽다 **to be noisy**
아름답다 **to be beautiful**
어렵다 **to be difficult**
춥다 **to be cold**
입다 **to wear**
좁다 **to be narrow**

Grammar

1. -을/ㄹ 거예요[1](will)

• **Meaning and Usage**

This is added to an action verb in order to express the speaker's plan or intention or to ask the intention of the listener.

- **Form**

-을 거예요 is added when a stem ends in a consonant. -ㄹ 거예요 is added when a stem ends in a vowel or ㄹ.

Action verb stem ending	Combine with	Example
Consonant	-을 거예요	먹을 거예요, 앉을 거예요
Vowel, ㄹ	-ㄹ 거예요	갈 거예요, 살 거예요

- **Example**

저는 주말에 제주도에 갈 거예요.
I am going to Jeju-do on the weekend.
저는 내일 친구들하고 놀 거예요.
I am going to play with his friends.
어디에서 저녁을 먹을 거예요?
Where are you going to have dinner?
대학교에서 무엇을 공부할 거예요?
What are you going to study at the college?

가: 유키 씨, 저녁에 한식을 먹을 거예요?
A: Yuki, are you going to eat Korean food for dinner?
나: 네, 한식을 먹을 거예요.
B: Yes, I'll eat Korean food.

가: 리타오 씨, 내일 몇 시에 일어날 거예요?
A: Letao, what time will you wake up tomorrow?
나: 일곱 시에 일어날 거예요.
B: I'll wake up at 7 o'clock.

- **Note**

This should only be used with an action verb. With descriptive verb, this shows an assumption of the speaker.

2. ㅂ동사

- **Meaning and Usage**

For some action verbs or descriptive verbs that their stem ends with 'ㅂ','ㅂ'changes to '우/오' when it followed by vowels. For Example, '덥다' used as '더워요, 더워서, 더우니까, 더울까요?'. These are called 'ㅂ verb'that includes "덥다, 맵다, 쉽다, 귀엽다, 더럽다, 어렵다, 시끄럽다, 아름답다'.

- **Example**

날씨가 더워요.
The weather is hot.
교실 밖이 시끄러워요.
Outside the classroom is noisy.
제가 친구를 도와요.
I am helping my friend.
고향이 아름다워요?
Is your hometown beautiful?

가: 김치가 매워요?
A: Is the kimchi spicy?
나: 네, 김치가 매워요.
B: Yes, kimchi is spicy.

가: 날씨가 어때요?
A: How is the weather?
나: 아주 추워요.
B: It is very cold.

- **Note**

When it is followed by vowel '으', '돕다'changes to '도우니까, 도울까요?' because 'ㅂ'changing to '우'. However when it followed by '아', 'ㅂ'changes to '오'as '도와서, 도와서'. '입다', '잡다', and '좁다'do not change because they are not a 'ㅂ verb'

Unit 10 Past Experience

<1> What did you do yesterday?

Dialogue

Yuki: Nora, what did you do after class yesterday?
Nora: I went to a park for a stroll.
Yuki: Will you go for a stroll today?
Nora: No, I'm not going for a stroll. I wanna rest at home.

Dialogue Vocabulary

공원 park
어제 yesterday
쉬다 to rest

Vocabulary expansion

그제 a day before yesterday
금년 this year
내년 next year
내일 tomorrow
다음 next time
달 month
모레 a day after tomorrow
어제 yesterday
오늘 today
올해 this year
이번 this time
작년 last year
주 week
지난달 last month
지난주 last week

Grammar

1. -었어요/았어요/였어요

- **Meaning and Usage**

This is added to an action verb or descriptive verb to describe that an action or a status happened in the past or completed.

- **Form**

'-았어요' is used when an action verb and a descriptive verb stem syllables end with 'ㅏ'ㅗ', '-었어요' is used for other syllables (ㅓ, ㅜ, ㅡ, ㅣ) and '-였어요'(했어요) is used for '하-'.

Action verb and descriptive verb stem ending	Combine with	Example
ㅏ, ㅗ	-았어요	많았어요, 좋았어요
Other Vowel (ㅓ, ㅜ, ㅡ, ㅣ)	-었어요	먹었어요, 울었어요, 컸어요, 입었어요
하	-였어요 (했어요)	청소했어요, 깨끗했어요

- **Example**

저는 중국에서 왔어요.
I came from China.
고향에서 회사에 다녔어요.
I went to work in my hometown.
지난주에 아주 바빴어요.
I was very busy last week.
어제 방청소를 했어요?
Did you clean your room yesterday?

가: 아침을 먹었어요?
A: Did you have breakfast?
나: 네, 아침을 먹었어요.
B: Yes, I had breakfast.

가: 어제 몇 시에 전화했어요?
A: What time did you call yesterday?
나: 여덟 시에 전화했어요.
B: I called at 8 o'clock.

2. 안

- **Meaning and Usage**

This is added before an action verb or a descriptive verb to negate the action or state. It can also be replaced with -지 않다 to express the same concept.

- **Example**

숙제를 안 했어요.
I didn't do my homework.
여기는 공기가 안 좋습니다.
The air here is not good.
방학에 고향에 안 갈 거예요.
I am not going to my hometown during vacation.
무슨 음식을 안 먹습니까?
What kind of food don't you eat?

가: 교실이 더워요?
A: Is the classroom hot?
나: 아니요, 안 더워요.
B: No, It's not.

가: 태권도를 배워요?
A: Do you learn Taekwondo?
나: 아니요, 안 배워요.
B: No, I don't.

- **Note**

The action verbs with -하다 such as 공부하다 and 운동하다 are expressed in the Form of 공부를 안 하다, 운동을 안 하다.

<2> I could not see the concert.

Dialogue

Huang: Nora, did you go to the concert?
Nora: No, I couldn't.
Huang: Why couldn't you go to the concert? No time?
Nora: No, I didn't have the tickets. Next time, I'll book them early.

Dialogue Vocabulary

콘서트 **concert**	표 **ticket**
예매하다 **to book(esp. tickets)**	
왜 **why**	일찍 **early**
시간이 없다 **to have no time**	

Vocabulary expansion

기차표 **train ticket**	병원 **hospital**
비행기 표 **plane ticket**	식당 **restaurant**
영화표 **movie ticket**	옷 **clothes**
콘서트 표 **concert ticket**	호텔 **hotel**
늦다 **to be late**	아프다 **to be sick**
예매하다 **to book(esp. tickets)**	
예약하다 **to make a reservation**	
늦게 **late**	빨리 **quickly**
일찍 **early**	천천히 **slowly**

Grammar

1. -지 못하다

- **Meaning and Usage**

This is added to an action verb to express the impossibility or lack of ability to do something.

- **Example**

피아노를 치지 못해요.
I can't play the piano.

한국말을 하지 못해요.
I can't speak Korean.
책을 잘 읽지 못합니다.
I can't read books well.
왜 모임에 오지 못해요?
Why can't you come to the meeting?

가: 옷을 샀어요?
A: Did you buy clothes?
나: 아니요, 옷을 사지 못했어요.
B: No, I could not buy clothes.
가: 왜 친구를 자주 만나지 못해요?
A: Why can't you meet your friend often?
나: 시간이 없어요.
B: I have no time.

- **Note**

This should only be used with an action verb. With descriptive verb this shows failure to reach the certain standard.

2. -어서/아서/여서[1](reason)

- **Meaning and Usage**

This is added to an action verb or a descriptive verb to express the cause and reason of the following action.

- **Form**

아서 is added when the last syllable of the stem ends in ㅏ or ㅗ. -어서 is added when the last syllable of the stem ends in any other vowels(ㅓ, ㅜ, ㅡ, ㅣ). -여서(해서) is added when the stem ends in 하-.

Action verb and descriptive verb stem ending	Combine with	Example
ㅏ, ㅗ	-아서	살아서, 좋아서
다른 모음 (ㅓ, ㅜ, ㅡ, ㅣ)	-어서	없어서, 울어서, 커서, 입어서
하	-여서(해서)	친절해서, 따뜻해서

- **Example**

가방이 비싸서 안 사요.
The bag is expensive so I am not buying it.
교통이 복잡해서 지하철을 탔습니다.
The traffic is congested so I took the subway.
오늘 많이 걸어서 다리가 아파요.
I walked a lot so my legs hurt.
만나서 반갑습니다.
I am glad to meet you.

가: 왜 그 가수를 좋아해요?
A: Why do you like the singer?
나: 노래를 잘해서 좋아해요.
B: I like the singer because he sings well

가: 선생님, 늦어서 죄송합니다.
A: Teacher, sorry for being late.
나: 괜찮아요.
B: It's okay.

- **Note**

No tense Form is needed in front of -어서/아서/여서. And imperative Form and suggestive Form cannot be followed.